Uli Geißler

Das große Ravensburger Spielebuch

Der Autor

Uli Geißler ist „Rummelsberger" Diakon sowie ausgebildeter Spiel- und Kulturpädagoge. Er arbeitet als Referent für die „Arbeit mit Kindern" und besitzt langjährige Erfahrung in Gruppen-, Kultur- und Spielpädagogik, insbesondere auch in der Aus- und Fortbildung Mitarbeitender. Der Autor zahlreicher Gesellschaftsspiele und Spielebücher lebt mit seiner Frau und seinen beiden Söhnen in Fürth.

Die Deutsche Bibliothek – CIP-Einheitsaufnahme
Ein Titeldatensatz für diese Publikation ist bei
Der Deutschen Bibliothek erhältlich.

Die Schreibweise entspricht den Regeln der neuen Rechtschreibung.

Layout: Kursiv Visuelle Kommunikation
Illustrationen: Ralf Butschkow
Fotos: S. 8, 20, 25, 57, 92 und 105 Ursula Markus
S. 17, 32, 41, 65, 100 und 112 Heidi Velten
S. 48 und 68 © Ravensburger Spieleland 1999
Umschlag: © Ravensburger Spieleland 1999
Redaktion: Heike Mayer
Printed in Germany

4 3 2 1 04 03 02 01

ISBN 3-473-37347-8

www.ravensburger.de/buchverlag

Uli Geißler

Das große Ravensburger Spielebuch

Tolle Spiele für Kinder
und die ganze Familie

Mit Illustrationen
von Ralf Butschkow

Ravensburger Buchverlag

Inhalt

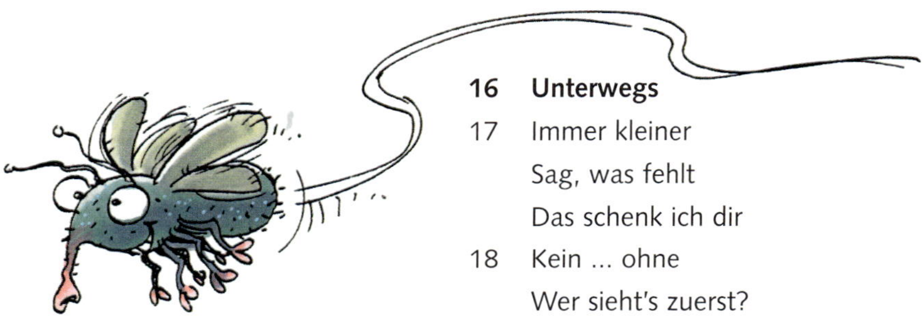

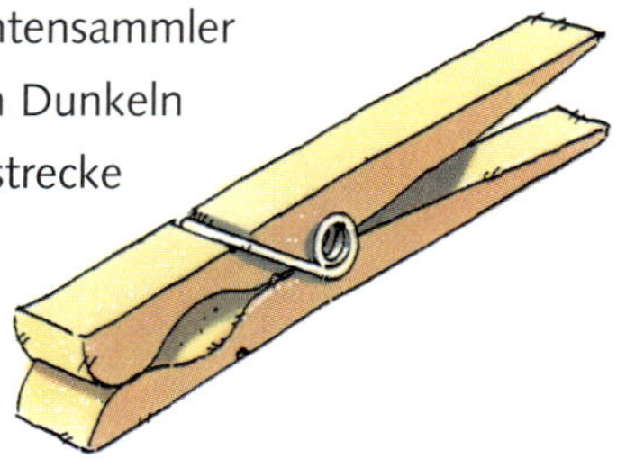

Jetzt geht's los

In diesem Buch finden Sie

Spiele auf engstem Raum
für unterwegs
für die Allerkleinsten
für kranke Kinder
mit Grips
aus Großmutters Zeiten
voll Bewegung und Abenteuer
bei Regen, Eis und Schnee
im Dunkeln
für alle Sinne
zur Darstellung
mit Kunst und Kreativität
für Entspannung und Ruhe
für ein tolles Kinderfest

Mindestanzahl der Mitspieler sowie benötigtes Material können Sie auf einen Blick erkennen. Die folgenden zusätzlichen Symbole sollen Ihnen die Auswahl erleichtern:

für größere Gruppen geeignet

benötigt wenig Vorbereitung

für drinnen

für draußen

Jetzt geht's los

Altersangaben
finden Sie im ausführlichen Register ab Seite 122. Hier sehen Sie alle Spiele des Buches auch noch einmal nach Anzahl der Mitspieler geordnet, dazu Informationen über besondere Fördermöglichkeiten, Zeit- und Materialaufwand.

Vielleicht wundern Sie sich, dass die Altersangaben nicht direkt neben den Spielen stehen. Doch ein niedriges Mindestalter führt erfahrungsgemäß oft dazu, dass das Spiel für ältere Kinder, Jugendliche oder gar Erwachsene nicht mehr in Betracht gezogen wird – und das zu Unrecht. Denn nur weil eine Fünfjährige schon die Regeln eines Spiels versteht, bedeutet das schließlich nicht, dass beispielsweise eine Gruppe von Zwölf- bis Sechzehnjährigen daran nicht genauso großen Spaß hat.

Der Schwierigkeitsgrad fast aller Spiele lässt sich problemlos nach oben oder unten verändern – lockern Sie Regeln und ändern Sie Vorgaben, wo immer es Ihnen nötig erscheint. Spielen soll vor allem eines: Spaß machen. Es geht nicht um richtig oder falsch und es sollte vor allem nicht immer ums Gewinnen gehen. Die Spiele in diesem Buch verzichten daher häufig auf das gewohnte Siegen-oder-Verlieren-Schema. Sie wollen stattdessen die Persönlichkeit aller Mitspielenden stärken und ihnen spielerisch neue Begegnungen und spannende Erfahrungen ermöglichen.

In diesem Sinne – viel Spaß!

Auf engstem Raum

Was tun, wenn der Raum begrenzt, der „Spieltrieb" aber riesengroß ist? Kein Problem mit diesen Spielen, für die außer einem Tisch und ganz einfachen Materialen nur noch die Mitspieler gebraucht werden.

ab 2 Spieler

Gebraucht werden

Papier, Stifte, Würfel

Clownwürfeln

Jeder notiert gut sichtbar auf seinem Blatt Papier eine Zahl zwischen 1 und 6. Das ist die persönliche „Clownszahl“. Der jüngste Spieler beginnt, würfelt und gibt den Würfel weiter. Sobald jemand die eigene „Clownszahl“ wirft, darf ein Teil eines Clowns auf das eigene Blatt gezeichnet werden. Wessen Clown ist zuerst fertig?

Der Clown besteht aus folgenden „Abschnitten“, die der Reihe nach gemalt werden: Hut – Kopf mit Ohren – Augen und Nase – Mund – Haare – Oberkörper und Bauch – Arme und Hände – Unterkörper und Beine – Füße und Schuhe – Kleidungsdetails.

ab 4 Spieler

Gebraucht werden

Zwei Würfel

Tipp

Sind kleinere Mitspieler mit den Zahlen noch nicht so vertraut, kann für die Spiele auf dieser Seite auch ein Farbwürfel verwendet werden. Es muss dann eine „Ihm-nach“-Farbe vereinbart werden.

Ihm nach

Alle setzen sich um einen großen Tisch. Zwei gegenübersitzende Spieler erhalten je einen Würfel. Eine „Ihm-nach“-Zahl wird vereinbart, zum Beispiel die 5. Das Startsignal eröffnet die wilde Würfelei. Jeder der beiden versucht so schnell wie möglich die ausgemachte Zahl zu würfeln. Gelingt das einem Spieler, reicht er den Würfel ganz fix an seinen linken Nachbarn weiter, der ebenfalls sofort loswürfelt. Taucht bei ihm die „Ihm-nach“-Zahl auf, gibt er den Würfel wieder weiter. Kommen beide Würfel bei einem Spieler zusammen, darf sich dieser zurücklehnen und bis Spielende den anderen beim Würfeln zusehen. Wer zuletzt noch würfelt, gewinnt.

Illustriertes ABC

ab 2 Spieler

Jeder Spieler bekommt ein Blatt Papier, eine Zeitschrift (am besten alle die gleiche) und einen Stift. Dann notieren alle auf dem Blatt Papier das Alphabet, allerdings ohne das „Q" und das „Y". Auf ein Startsignal hin versucht jeder so schnell es geht in der Zeitschrift ein Motiv zu entdecken, das mit einem „A" beginnt. Wer etwas gefunden hat, ruft „stopp". Stimmt der Begriff, darf dieser Spieler das „A" in seiner Liste ausstreichen. Nun geht die Suche nach einem Wort mit dem Anfangsbuchstaben „B" weiter. Wurden schließlich sämtliche Buchstaben des Alphabets entdeckt, wird gezählt, wer die meisten ausstreichen konnte. Bei einer neuen Runde dürfen bereits gefundene „Begriffe" nicht mehr verwendet werden, wohl aber die gleichen Fotos.

Gebraucht werden

Illustrierte (auch Kataloge, Prospekte, Fotozeitschriften), Papier, Stifte

Hin und her

ab 2 Spieler

Jeder Spieler darf fünfmal hintereinander würfeln. Die beiden ersten Ergebnisse werden zusammengezählt (addiert), das dritte Ergebnis abgezogen (subtrahiert), das vierte wieder hinzugezählt und das fünfte leider wieder abgezogen. Dieser Wert wird notiert und der Würfel weitergegeben. Sieger dieses Glücksrennens ist, wer nach zehn Runden das höchste Ergebnis vorweisen kann.

Wer mit höheren Zahlen rechnen möchte, spielt mit einer höheren Anzahl Würfel oder nimmt pro Wurf zwei Würfel. Dabei zählt jeweils die niedrigere Zahl als Zehner, die höhere entsprechend als Einer (eine Fünf und eine Eins ergeben 15).

Gebraucht werden

Würfel, Papier, Stifte

Tipp

Bei diesem Spiel sind Rechenkünste gefragt und so mancher hat bei dem ganzen „Hin und Her" nebenbei das Kopfrechnen erlernt.

ab 2 Spieler

Schiff ahoi

Gebraucht werden

Tisch oder glatte Fläche, Din-A3-Papierbogen, Zeichenstift, Trinkhalme, kleinere Münzen

Auf den Tisch oder eine glatte Fläche wird ein Din-A3-Papierbogen gelegt. An beiden Schmalseiten des Bogens werden je fünf gleich große (ca. fünf mal sieben Zentimeter) „Anlegestellen", in der Mitte ein Hindernis (Kreis mit fünf Zentimeter Durchmesser) aufgemalt. Jeweils zwei Spieler sind gleichzeitig an der Reihe. Jeder der beiden bekommt fünf kleinere Münzen. Das sind kleine Segelboote und Jollen. Einer spielt mit der Kopf-Seite, einer mit der Zahl-Seite. Alle Münzen werden abwechselnd (Kopf/Zahl) um das Hindernis in der Mitte herum gelegt. Nach einem Startsignal versucht jeder, die eigenen „Schiffchen" mit dem Trinkhalm zu den eigenen Anlegestellen zu pusten. Wer zuerst seine Boote „verankert" hat, gewinnt.

ab 2 Spieler

Einkreisen

Gebraucht werden

Großes Blatt Papier, Bleistift, vier Münzen

Tipp

Münz-Spiele eignen sich besonders gut für die Ferien im Ausland. Neben dem Spielspaß kann man sich hier gleich mit den fremden Münzen vertraut machen.

Zwei Spieler setzen sich gegenüber und nehmen je zwei Münzen an sich. Auf ein großes Blatt Papier werden dreizehn Kreise ineinander gezeichnet, alle um denselben Mittelpunkt. Der Abstand der Kreise zueinander soll jeweils eineinhalb Zentimeter betragen (ähnlich einer Zielscheibe). Jeder legt eine Münze vor sich. Nun verbirgt einer beide Arme hinter dem Rücken und nimmt dabei die zweite Münze in eine Hand. Errät der Gegenspieler die Hand mit der Münze, darf er die eigene zweite Münze in den äußersten Ring legen. Bei jedem richtigen Tipp rückt sie einen Ring weiter zur Mitte. Das Spiel wird wiederholt, bis der Rater falsch tippt. Dann wechselt die Versteck- und Rateaufgabe.
Wer es schafft, zuerst mit seiner eigenen Münze den Mittelpunkt aller Kreise zu erreichen, hat sein Gegenüber am besten eingeschätzt und darf das nächste Spiel vorschlagen.

Schlafmütze

ab 3 Spieler

Alle Karten werden gemischt und gleichmäßig an die Spieler verteilt. Das Ziel ist, alle Karten einer Gruppe zu sammeln, also zum Beispiel vier Asse oder vier Könige oder vier Achten. Der Spielverlauf ist denkbar einfach: In jeder Runde geben die Mitspieler zugleich dem jeweils links sitzenden Mitspieler eine Karte. Jeder reicht die Karte weiter, die er im Augenblick nicht sammeln will. Wer als Erster vier gleiche Karten auf der Hand hat, legt sie still und ohne etwas zu sagen offen auf den Tisch. Bemerken das die anderen Spieler, legen sie ebenfalls ihre Karten offen ab, gleichgültig, ob sie zusammenpassen oder nicht. Nur die „Schlafmütze" bleibt schließlich übrig und darf für die nächste Runde alle Karten mischen und neu verteilen. Wer möchte, notiert für den Sieger einen Punkt. Wer nach einer vorher vereinbarten Rundenanzahl die meisten Punkte ergattern konnte, ist Gesamtsieger dieses Aufmerksamkeitsspieles.

Gebraucht wird

Ein Kartenspiel (Skat, Rommé, Schafkopf)

Münzkick

ab 2 Spieler

Drei Münzen werden von einem der Spieler aus der Hand auf die Spielfläche geworfen. Der andere Spieler beginnt das Spiel und versucht, eine der Münzen zwischen den beiden anderen hindurch zu schnippen. Gelingt das, bleibt er weiterhin dran. Wieder muss eine der Münzen zwischen den beiden anderen hindurchgeschubst werden. Keine Münze darf jedoch zweimal hintereinander als „Kick-Münze" verwendet werden. Sobald ein Schnipp-Versuch misslingt, ist der andere Spieler an der Reihe und kann seine Geschicklichkeit unter Beweis stellen. Soll ein Sieger ausgespielt werden, wird eine bestimmte Schuss-Anzahl festgelegt. Wer sie – nachdem jeder mindestens eine Schnipp-Runde lang üben durfte – zuerst schafft, gewinnt.

Gebraucht werden

Glatte Spielfläche, drei Münzen

ab
2 Spieler

Gebraucht werden

Trinkhalme, Zeitungspapier, Teller

Tipp

Trinkhalme mit einem größeren Durchmesser (etwa 0,5 cm) erleichtern die Saug-Aufgabe.

Papiersauger

Zunächst wird eine Zeitungsseite in viele kleine Schnipselchen zerrissen und diese beliebig auf der Spielfläche verteilt. Jeder Spieler bekommt einen Trinkhalm und einen Teller, den er neben sich stellt. Nach dem Startsignal versucht jeder so schnell es geht möglichst viele Papierschnipsel aufzusaugen und auf seinen Teller zu transportieren. Die Hände dürfen dazu nicht benutzt werden. Wer am Ende die meisten Schnipsel beisammen hat, ist der beste „Papiersauger".

Variante

Verschiedene etwa DIN-A5 große Fotos aus einer Illustrierten oder Zeitung werden vor Beginn des Spiels in jeweils acht bis zehn „Puzzle-Teile" zerschnitten. Die Aufgabe besteht nun darin, als Erster ein komplettes Puzzle „zusammenzusaugen".

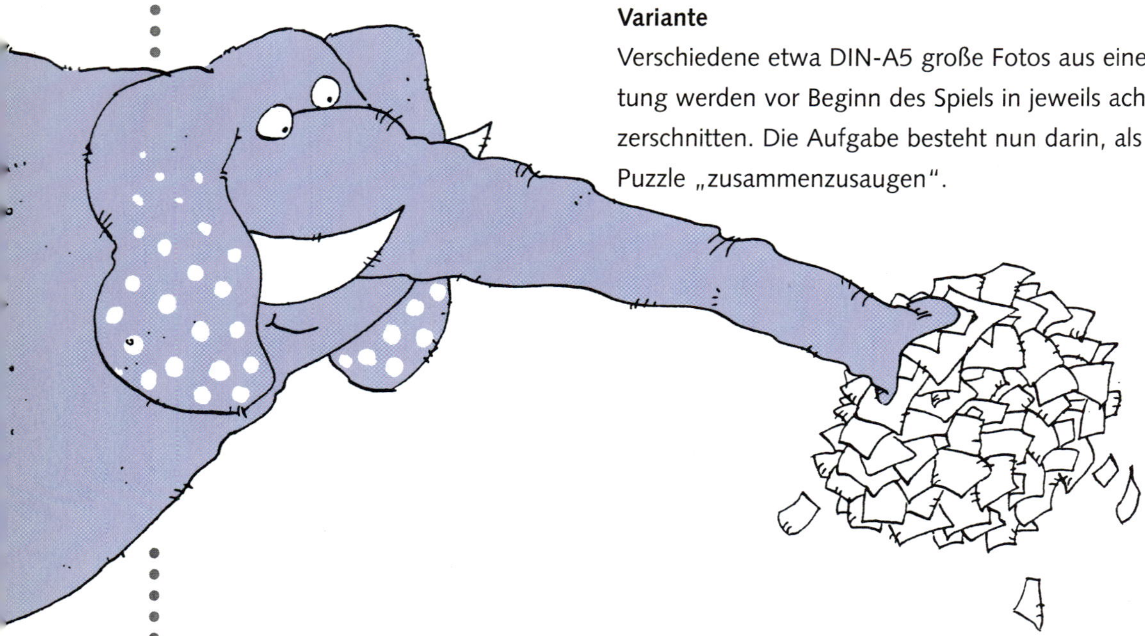

ab
2 Spieler

Gebraucht werden

Je Spieler 30 abgebrannte Streichhölzer

Hochstapeln

Jeder bekommt dreißig Streichhölzer. Die Spieler bauen gemeinsam einen Turm. Wer an der Reihe ist, darf bis zu drei Hölzchen auflegen. Um kein Risiko einzugehen, kann man auch schon nach dem ersten oder zweiten Hölzchen aufhören. Wirft jemand Streichhölzchen vom Turm, muss er sie zu sich nehmen. Der im Uhrzeigersinn folgende Spieler kommt als Nächster dran. Gewonnen hat schließlich, wer zuerst keine Hölzer mehr besitzt. Das ist der Baumeister mit der ruhigsten Hand.

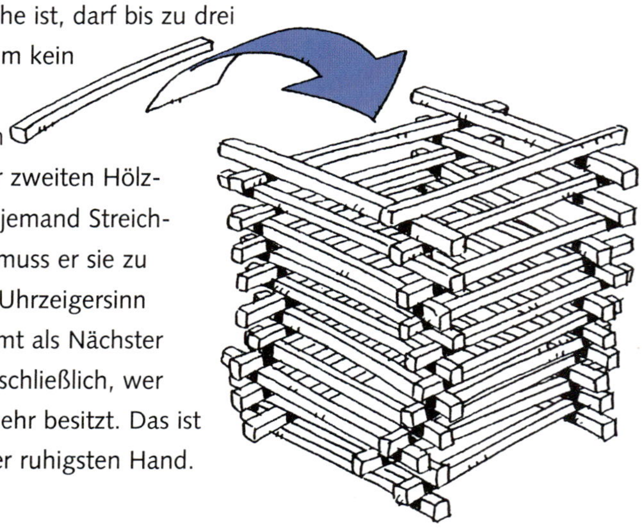

Onkel Otto ist krank

ab 4 Spieler

Die Spieler klemmen sich einen Keks hochkant zwischen die Lippen. Der Startspieler erzählt: „Onkel Otto ist krank". Sofort fragen die anderen voll Sorge: „So, was hat er denn"? Daraufhin gibt der Startspieler die Antwort: „Zahnschmerzen". Nun kommt der nächste Spieler an die Reihe. Er meldet: „Onkel Otto ist krank". Die anderen fragen erneut, was ihm fehlt. Nun wird die erste Krankheit benannt und ein weiteres Leiden hinzugefügt. Die Krankheitsliste wird also bei jedem Mitspieler länger. Wenn die Kekse aufgeweicht und gegessen sind, endet das Spiel.

Gebraucht werden

Butterkekse für jeden

Tipp

Was zwiebacktrocken beginnt, führt meist in kürzester Zeit zu prustenden Lachanfällen.

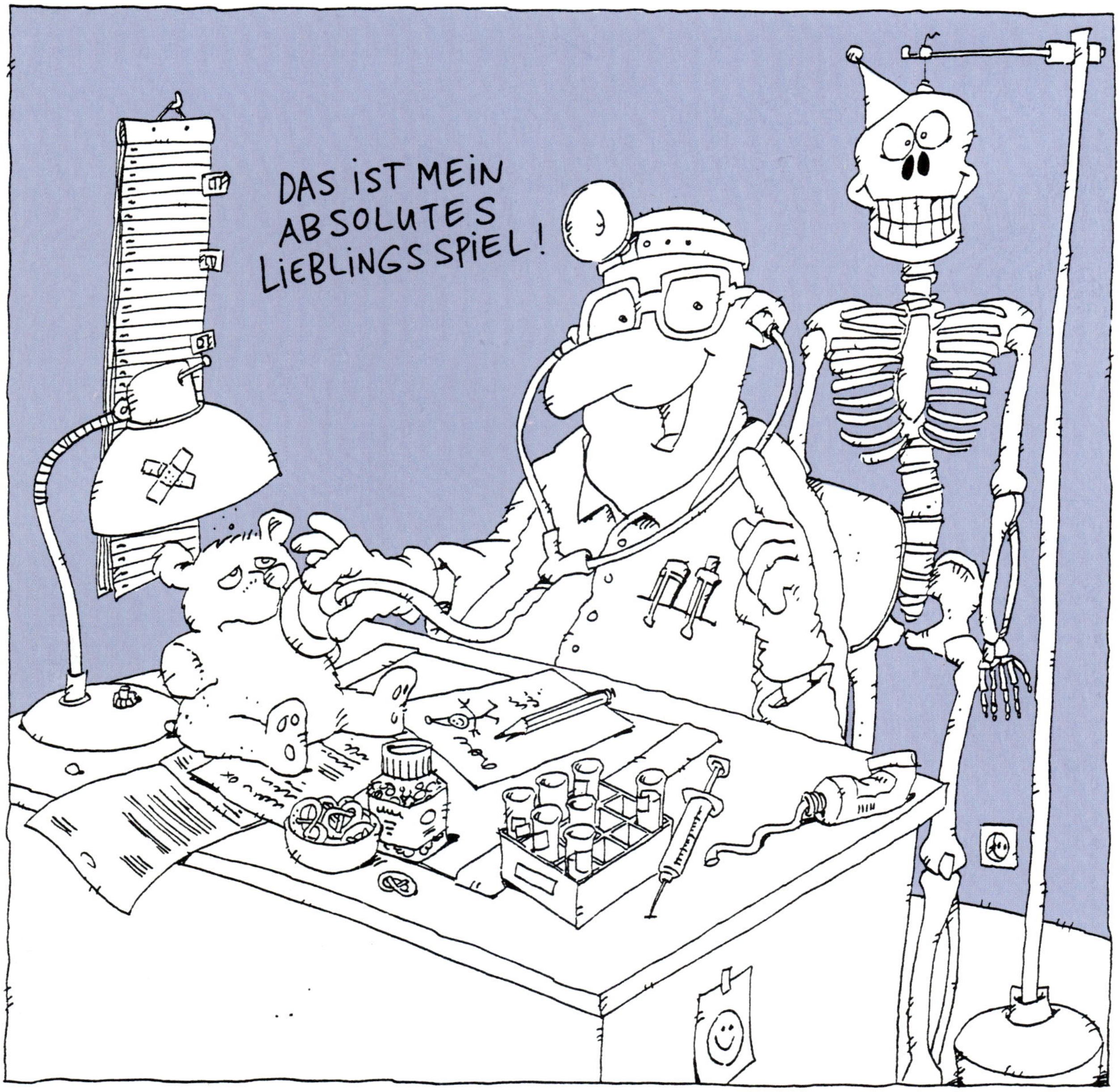

Unterwegs

Kurze Spiele ohne Material, die schnell erklärt sind: Für Auto-, Zug- oder Busfahrten, während eines Spazierganges und für alle Wartesituationen eignen sich diese Spiele besonders gut.

Immer kleiner

ab 2 Spieler

Kein Material nötig

Bei diesem Endlosspiel werden Gegenstände in ihre Bestandteile „zerlegt“. Der Startspieler gibt den ersten Begriff vor, z. B. „Fahrrad“. Der nächste Spieler muss nun ein kleineres Detail dieses Gegenstandes nennen: „Rahmen“. So geht es immer weiter, bis niemand mehr ein kleineres Bestandteil weiß.

Variante

Die Begriffe werden alle wiederholt und in einem Satz aneinander gereiht: Das ist mein Fahrrad – das ist der Rahmen von meinem Fahrrad – das ist einer der Reifen am Rahmen von meinem Fahrrad – das ist der Schlauch im Reifen am Rahmen meines Fahrrades – das ist das Ventil am Schlauch im Reifen am Rahmen meines Fahrrades …

Sag, was fehlt

ab 2 Spieler

Kein Material nötig

Hier können schon die Allerjüngsten mitmachen. Satzanfänge sollen vervollständigt werden. Wer es zuerst schafft, beginnt den nächsten Satz.

Beispiel

Nach dem Waschen ziehst du … Beim Einkaufen brauchen wir … Am Samstag kommt … Wenn es ganz viel schneit, müssen … Sobald die Sonne scheint …

Tipp

Sprachspiele trainieren neben Fantasie und Vorstellungskraft vor allem die Ausdrucksfähigkeit und den aktiven Wortschatz.

Das schenk ich dir

ab 2 Spieler

Kein Material nötig

Einer denkt sich ein schönes Geschenk für einen der Mitspieler aus: Ich schenke dir … einen bunten Blumenstrauß. Der Beschenkte (oder wer zuerst „Ich“ ruft) erdenkt sich nun ebenfalls ein Geschenk und benennt es auch wieder: Ich schenke dir … eine gelbe Gartengießkanne. Schon meldet sich wieder ein Schenker zu Wort: Ich schenke dir eine Marmorschale mit selbst gemachten Schokoladenplätzchen. So beschenken sich die Spieler immer weiter, bis niemandem mehr etwas einfällt, alle schon alles haben oder einfach keine Zeit mehr zum Spielen ist.

ab 2 Spieler

Kein Material nötig

Tipp
Hier sind schnelle Auffassungsgabe und flexibles Denken gefordert.

Kein ... ohne

Wem zuerst etwas einfällt, beginnt. Er sagt zum Beispiel: „Kein Hut ..." und der nächste Spieler sollte blitzschnell reagieren und den Satz ergänzen: „... ohne Krempe". Wer als Erster eine sinnvolle Ergänzung zustande bringt, startet den nächsten Satz: „Keine Nudeln ... " und der nächste Spieler: „... ohne Salz". Die Ergänzung sollte immer in einem sinnvollen Zusammenhang stehen.

Variante
Schwerer, aber vielleicht auch lustiger ist es, wenn ganze Sätze genannt werden und die Ergänzung in Reimform vorgenommen wird. Wer einen sinnvollen Reim schafft, beginnt den nächsten Satz: „Kein Fahrrad ohne Luft im Reifen ..." und die Ergänzung: „... kein Eimer ohne Griff zum Greifen".

ab 2 Spieler

Kein Material nötig

Wer sieht's zuerst?

Der jüngste Spieler benennt als Erster drei Dinge, die von allen in der nächsten Zeit entdeckt werden sollen. Wer zuerst die genannten Personen, Gegenstände oder Situationen entdeckt, darf für die folgende Suchrunde die Vorgaben machen. Ein paar Beispiele: Autofahrerin mit Sonnenbrille, Kinder mit einem Hund, Traktor mit zwei Personen besetzt, ein gelbes Auto, ein hoher Turm, eine Burg, eine Bogenbrücke, ein blühender Baum, bestimmte Autokennzeichen.

ab 2 Spieler

Spielort
Supermarkt oder Kaufhaus

Ich weiß einen Preis

Gleich beim Eintritt nennt ein Spieler einen beliebigen Preis, z. B. 4,55 €. Wer nun zuerst ein Produkt findet, das genau so viel kostet, darf den nächsten Preis nennen. Es kann vorkommen, dass es tatsächlich nichts im Laden mit dieser Preisauszeichnung gibt. Dann gilt der Betrag, der am dichtesten dran liegt.

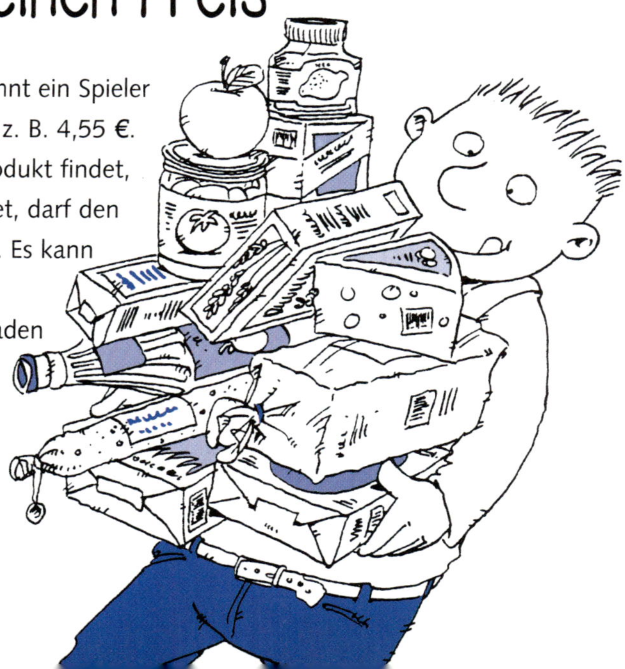

Berührt - gespürt

ab
2 Spieler

Kein Material nötig

Hier braucht es viel „rückwärtiges" Gespür. Ein Spieler dreht sich mit dem Rücken zu seinem Spielpartner. Der „malt" nun mit einem Finger einen Buchstaben oder ein Symbol auf den Rücken seines Gegenübers, das von diesem erraten werden soll. Mit etwas Übung können ganze Worte oder Sätze auf diese Weise übermittelt werden.

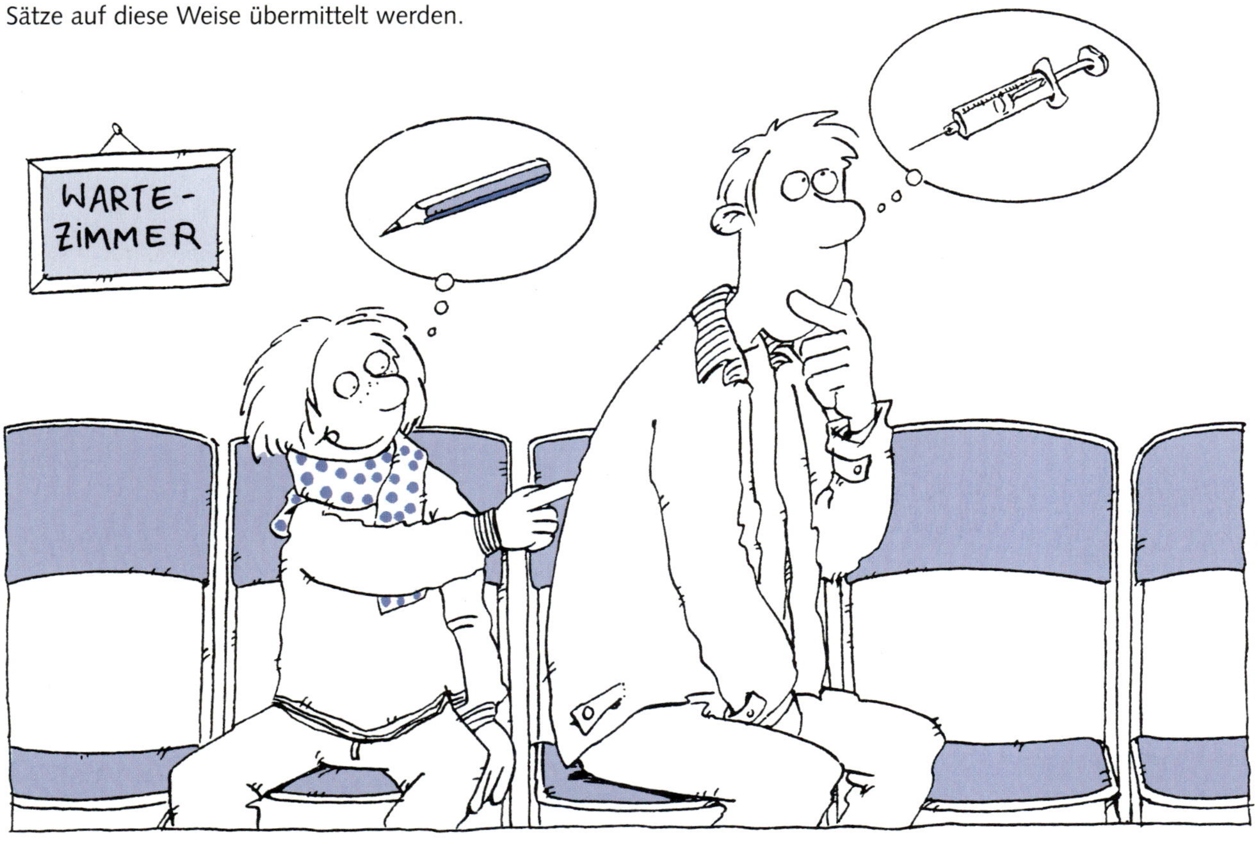

Körper verkehrt

ab
3 Spieler

Kein Material nötig

Der erste Spieler sagt: „Das ist mein Ohr" und deutet dabei aber auf sein Knie. Der nächste Spieler wiederholt, was der erste Spieler gesprochen und gedeutet hat und fügt etwas Eigenes hinzu. Er fasst sich zum Beispiel mit der Hand ans rechte Ohr und sagt: „... und das ist meine Lippe."
Der dritte Spieler muss nun Handbewegungen und Sätze der Vorgänger wiederholen und sich ebenfalls eine weitere Bezeichnung sowie einen falschen Fingerzeig auf ein beliebiges Körperteil ausdenken. Das Spiel endet, wenn alle Spieler zweimal an der Reihe waren oder nach einer vorher vereinbarten Rundenanzahl.
Anstatt der Körperteile können auch andere Gegenstände benannt werden, zum Beispiel beim Griff an die Nase: „Das ist eine Käsereibe."

Tipp

Bei allem Spaß, den dieses witzige Spiel bereitet, üben sich die Spieler in Ausdrucksfähigkeit sowie Konzentration und Merkfähigkeit.

Mit den Allerkleinsten

Schon die Kleinsten haben an diesen Spielen Spaß. Wenn man mit Zwei- bis Vierjährigen spielt, sollten Regeländerungen oder -lockerungen je nach Bedarf ganz flexibel vorgenommen werden.

Hänschen klein

ab 3 Spieler

Kein Material nötig

Alle sitzen im Kreis. Der älteste Spieler erzählt den anderen als Erster, was er auf seiner Wanderung durch die Welt gesehen hat. Je nachdem, wo sich das Erlebte zutrug, müssen die Spieler reagieren. Ist es ein Tier, Gegenstand oder eine Situation

- in der Luft: strecken alle weit die Arme nach oben
- im Wasser: machen alle eine Wellenbewegung mit der Hand
- auf der Erde: patschen alle mit beiden Händen auf den Tisch

Wer einen Fehler macht, muss eine Hand hinter dem Rücken verstecken und spielt nur noch mit einer Hand mit. Jedes Mal, wenn so eine Reaktion der Spieler stattfand, kommt der nächste im Uhrzeigersinn folgende Spieler an die Reihe und erzählt die Geschichte weiter oder startet eine eigene. Sind die Spieler von dieser Aufgabe noch überfordert, kann auch der Spielleiter die Erzählerrolle übernehmen.

Tipp

Das lustige Erzählspiel fördert die Denk-Handlungs-Koordination.

Schnell genannt, was in der Hand

ab 3 Spieler

Gebraucht wird

Eine große Schachtel mit so unterschiedlichen Gegenständen wie z. B. Gießkännchen, alte Tasse, Schuhlöffel, Flaschenöffner, Zange, Eierbecher, Quietschentchen, Schwamm, Plastikblume, kleiner Ball, Plüschtier, Würfel, Stift, Löffel, alter Schuh, trockene Semmel, Bonbon …

Die Spielleitung entnimmt der Schachtel nacheinander die darin enthaltenen Gegenstände, zeigt sie den Spielern und legt sie wieder hinein. Niemand soll sie dann noch sehen können.
Die Spielleitung nimmt nun verdeckt innerhalb der Schachtel einen Gegenstand in die Hand und fragt: „Wer hat schnell genannt, was ich habe in der Hand?“ Die Spieler raten, was es sein könnte. Da es keine Anhaltspunkte gibt, ist es anfänglich Zufall, welcher Gegenstand gewählt wurde. Im Spielverlauf können mehr und mehr Gegenstände ausgeschlossen werden. Wer zuerst den treffenden Gegenstand ruft, bekommt diesen als „Gewinn“. So geht das Spiel weiter, bis nichts mehr in der Schachtel ist. Das Kind mit den meisten Gegenständen wird von allen anderen beklatscht.

ab 3 Spieler

Kein Material nötig

Schichtschokokeks

Ein Spieler beginnt und legt seine flache Hand auf den Tisch. Dabei sagt er: „Ich mag einen Schichtschokokeks. Erst einen Keks." Der nächste Spieler legt eine Hand flach auf die schon liegende und sagt: „Dann eine Schicht Schokolade." Wieder ein anderer Spieler legt seine Hand dazu und sagt: „Und wieder einen Keks." So geht es immer weiter, bis alle Hände im Wechsel aufeinander liegen – je schneller, desto lustiger. Dann zieht der Startspieler seine zuunterst liegende Hand heraus und klatscht sie auf den Schichtschokokeks-Stapel oben drauf. Dabei nennt er wie gewohnt die passende Keksschicht. Irgendwann kracht der Turm ein und alle könnten zur Belohnung echte Kekse bekommen.

ab 4 Spieler

Gebraucht werden

Ebene Spielfläche, sauberer und möglichst weicher Untergrund, vier Gegenstände, die unterschiedliche Geräusche erzeugen

Tipp

Kinder üben sich bei diesem Spiel im schnellen Reagieren und im Unterscheiden von „rechts" und „links".

Hin und her, vor und zurück

Die Spielleitung hat vier Gegenstände, die Geräusche erzeugen, z. B. eine kleine Glocke, ein Döschen mit Reis gefüllt, einen mit einem Gummiband bespannten Jogurtbecher und einen Würfelbecher samt Würfel. Jedes Geräusch bedeutet eine bestimmte „Krabbelrichtung": Die Glocke bedeutet vorwärts, die Reisrassel rückwärts, ein Gummischnalzen führt nach links (z. B. Richtung Fenster) und wenn die Würfel klappern, geht es nach rechts (z. B. Richtung Zimmertür).
Alle Kinder kommen in der Mitte der Spielfläche zusammen.
Die Spielleitung wählt geheim ein Geräuschinstrument aus und lässt es erklingen. Das Kind, das zuerst am weitesten in die zutreffende Richtung gekrabbelt ist, wird von allen anderen „bejubelt". Dann begeben sich wieder alle zur Mitte und die nächste Runde kann beginnen.

Schau mal keck – einer ist weg

ab 4 Spieler

Gebraucht werden

Großes Tuch und abwechslungsreiche Spielumgebung (Wohnung, Garten)

Alle Spieler finden sich in der Mitte der Spielfläche ein. Ein Spieler bekommt ein großes, blickdichtes Tuch so über den Kopf gestülpt, dass er nicht mehr sehen kann, was um ihn herum geschieht. Heimlich, still und leise verlässt ein ausgesuchter Spieler den Raum bzw. die Spielfläche. Der „verhängte" Spieler darf nun das Tuch abnehmen und soll möglichst schnell erraten, wer aus der Runde verschwunden ist. Schon ist der nächste Spieler an der Reihe.

Was hab ich untendrunter?

ab 4 Spieler

Gebraucht wird

Eine Schachtel mit zahlreichen Gegenständen aus Haushalt oder Kinderzimmer, z. B. Orange, Hämmerchen, Trinkbecher, Plüschtier, verknotetes Taschentuch, Gummibärchen-Tüte, Spielzeugauto

Jedes Kind sucht sich aus dem Fundus geheim einen Gegenstand und versteckt diesen sofort unter seinem Pullover oder Hemd. Dann setzen sich alle in einen Kreis. Der jüngste Spieler darf beginnen und bei einem beliebigen Spieler vorsichtig durch die Kleidung tasten, um welchen Gegenstand es sich handelt. Errät er es, darf er bestimmen, wer als Nächster mit Raten drankommt. Findet er es jedoch nicht heraus, muss er zu einem weiteren Spieler und dort erneut sein Glück versuchen.

ab 4 Spieler

Brummifahrer unter sich

Gebraucht werden

Zahlreiche kleine unzerbrechliche Gegenstände aus Werkstatt, Spielzimmer und Haushalt, für jeden Spieler ein Frühstücksbrettchen (notfalls ein postkartengroßes Zeichenkartonstück), „Gewinnpunkte“ in der gleichen Anzahl wie vorhandene Gegenstände (Spielchips, Bonbons oder Ähnliches)

Tipp

Hier geht es um Geschicklichkeit und das Empfinden für Balance.

Ein Platz auf der Spielfläche wird als „Lagerhalle“ gekennzeichnet. Dort werden die verschiedenen Gegenstände abgestellt. Ebenso wird festgelegt, wo sich das Ziel, der „Großmarkt “befindet. Der älteste Spieler ist zuerst „Chef“ und sagt dem jüngsten „Brummifahrer“ (Spieler), welche drei (!) Gegenstände (Frachtgut) von der Lagerhalle zum Großmarkt gebracht werden sollen. Der Spieler lädt die benannten Gegenstände auf seinen „Lastwagen“ (das Frühstücksbrettchen) und „fährt los“. Das Brettchen wird mit einer Hand getragen. Wird das Frachtgut wohlbehalten abgeliefert, bekommt der „Brummifahrer“ drei „Gewinnpunkte“ (Chips o.Ä.). Verliert er allerdings unterwegs einen Gegenstand, bleibt diese „Fracht“ zunächst dort liegen, wo sie heruntergefallen ist. Beim Großmarkt angekommen, bekommt dieser Spieler nur „Gewinnpunkte“ für dort tatsächlich angekommenes Frachtgut.
Der gerade noch aktive „Brummifahrer“ wird neuer „Chef“ und nennt dem nächsten Spieler drei Gegenstände für den Transport. Das dürfen auch die auf der Strecke gebliebenen sein. Sie müssen dort aufgenommen werden, wo sie gerade liegen. Sieger ist am Ende der Spieler mit den meisten „Gewinnpunkten“.
Jüngere Spieler können den „Lastwagen“ auch auf dem Boden entlangschieben.

Für kranke Kinder

Wer lange im Bett liegen muss, dem wird schnell langweilig. Neben liebevoller Zuwendung helfen da lustige Spielideen am besten. Hier kommen Vorschläge, die man allein spielen kann, und Ideen für schnell erklärte Spiele, wenn Besuch kommt. (Siehe auch die Kapitel „Spiele auf engstem Raum“, „Spiele für unterwegs“ und „Spiele mit Grips“.)

ab 1 Spieler

Geheime Schrift

Gebraucht werden
Papier und Stift

Geheimschriften sind faszinierend, denn man kann die schönsten, blödsten, gemeinsten oder geheimsten Dinge aufschreiben, und wer nicht eingeweiht ist, kann sie nicht entziffern. Eine einfache Geheimschrift wird durch eine Skalenverschiebung erzeugt: Alle Buchstaben des Alphabets werden in eine Reihe nebeneinander geschrieben. Eine zweite Reihe beginnt man dann einfach um ein paar Zeichen versetzt unterhalb der ersten Reihe und fügt die am Ende übrigen Buchstaben in gewohnter Reihenfolge einfach an.

Beispiel

A B C D E F G H I J K L M N O P Q R S T U V W X Y Z Ä Ö Ü

Geheimcode:

E F G H I J K L M N O P Q R S T U V W X Y Z Ä Ö Ü A B C D

Der Empfänger einer Nachricht benötigt diese zwei Skalen, um einen geschriebenen Text zu „dechiffrieren“. Wer mehrere Skalen anfertigt, kann jede nummerieren und dann jeweils mitteilen, ob mit „Skala 1“ oder „Skala 3“ usw. dechiffriert werden soll. Damit es etwas schwieriger wird, einen Text zu entschlüsseln, kann auf die Wortzwischenräume verzichtet werden. Wer die richtigen Buchstaben entschlüsselt hat, kann dann durch langsames Lesen die Botschaft herausfinden.

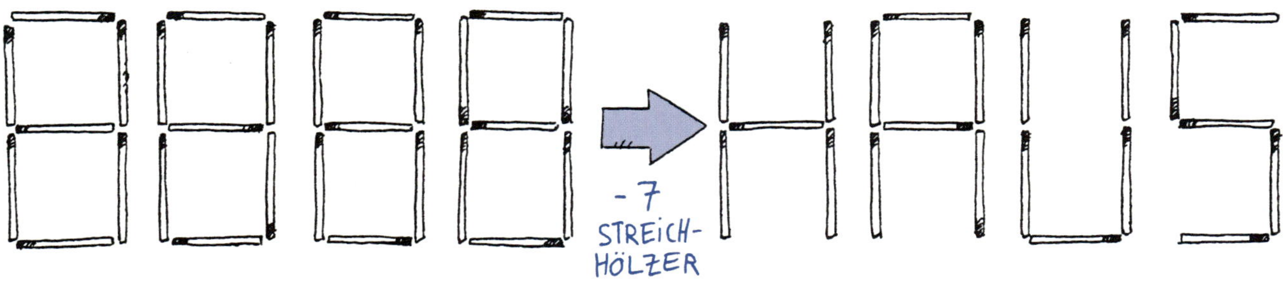

Hölzchen-Worte

ab 1 Spieler

Die Hölzchen werden auf einer ebenen Unterlage so nebeneinander gelegt, dass vier Achten entstehen. Wenn nun einige der Hölzer entfernt werden, lassen sich Worte erkennen: H A U S zum Beispiel. Nach jedem Begriff werden die Hölzer wieder in die Ausgangslage zurück gelegt und ein neues Wort gesucht. Die entdeckten Worte können auch notiert und zu einem späteren Zeitpunkt weitere gesucht werden. Spielen mehrere Spieler mit, soll jeder für sich möglichst viele Worte finden.

Gebraucht werden

28 abgebrannte Streichhölzer

Mein neues Spiel

ab 1 Spieler

Mit dem vorhandenen Material versucht der Spieler sich ein neues Spiel auszudenken. Dabei sind folgende Fragen sicher hilfreich:

- Für wen ist das Spiel gedacht? (Spieleralter, Spieleranzahl)
- Welche Art von Spiel soll es sein? (Wahrnehmungs- oder Reaktionsspiel, Rate- oder Sprechspiel, Glücks- oder Taktikspiel)
- Soll es ein Thema haben oder eher abstrakt bleiben?
- Welche Spielstruktur soll es haben? (Machen alle gleichzeitig etwas oder gibt einer etwas vor, auf das die anderen reagieren sollen; muss etwas gesammelt oder abgegeben werden oder bekommt man etwas, wenn eine bestimmte Situation eintritt usw.)

Stehen diese „Eckdaten" fest, kann das neue Spiel grob festgelegt und „im Stillen" durchdacht werden. Für jüngere Spieleerfinder ist es dabei sicher einfacher, von einem bekannten Spiel auszugehen, dieses zu erweitern und zu verändern. Dann wird die Regel verfasst und die erste Testrunde kann losgehen. Dabei ergeben sich meistens neue Ideen, wie das Spiel verbessert werden kann. Ein toller Titel wird gewählt und schon ist das Spiel fertig.

Gebraucht werden

Verschiedene Ausgangsmaterialien wie z. B. ein klassisches Kartenspiel, ein oder zwei Würfel, Chips oder andere Spielmarken, Stift und Papier, Spielbrett

Tipp

Ein neues Spiel selbst zu erfinden, fördert die Fantasie, ist kreativ und macht auch alleine Spaß. Wenn andere das Spiel dann auch noch gut finden, ist die Freude doppelt groß.

ab 2 Spieler

Gebraucht werden

Kariertes Papier, Stifte

Tipp

Dieses Spiel ist als „Schiffe versenken“ bekannt. Durch die neue Thematik bekommt das kriegerische Spiel eine zeitgemäßere, friedlichere Botschaft und behält doch die Spannung und seinen Reiz. Wird der alte Titel nicht mehr verwendet, wird auch nicht immer wieder die negative Botschaft weitertransportiert.

Professor Schaufelrads Funde

Es geht um archäologische Ausgrabungen in fernen Ländern. Professor Schaufelrad gräbt im Wettstreit mit seinem Mitarbeiter um die interessantesten und wertvollsten Funde. Jeder grenzt auf seinem Blatt mit jeweils 15 mal 15 Kästchen die Grabungsfelder „A“ und „B“ ein. Dann werden die Kästchen von „A“ waagrecht je Kästchen mit den Buchstaben A bis O gekennzeichnet, die senkrechten von 1 bis 15 nummeriert. Das Feld „B“ wird dann ebenso beschriftet.

Beide Spieler „vergraben“ nun vor dem anderen Spieler verdeckt in ihrem Feld „A“ folgende Gegenstände: Zwei Grabstätten zu jeweils vier zusammenhängenden Kästchen, drei Throne zu je drei Kästchen, vier Skulpturen zu je zwei Kästchen und fünf ein Kästchen große Gefäße.

Der jüngere Spieler darf beginnen und nennt zwei Koordinaten (einen Buchstaben von A bis O und eine Zahl von 1 bis 15). Hat der Gegenspieler in seinem Feld „A“ einen Gegenstand eingezeichnet, so ruft er: Teilfund. Wurden alle Kästchen eines Gegenstandes entdeckt, lautet die Mitteilung: Komplettfund. Der Suchende darf so lange weiterraten, bis er auf ein leeres Kästchen trifft. Dann ist der andere Forscher an der Reihe und verfährt ebenso. Fundstücke des Gegenspielers markiert jeder im eigenen Feld „A“, eigene Grabungsversuche im Ausgrabungsfeld „B“.

Hilfreich für die Übersicht und Kontrolle ist es, entdeckte Teilfunde oder Fundstücke mit einem Kreuzchen, ins Leere geführte Ausgrabungen mit einem Punkt zu versehen. Je mehr sich das Feld „B“ mit Kreuzchen oder Punkten füllt, lässt sich erkennen, wo sich möglicherweise noch Fundstücke im gegnerischen Grabungsfeld befinden können.

Das Labyrinth

ab
1 Spieler

Gebraucht werden
Kariertes Papier, Stifte

Auf ein kariertes Papier zeichnet der Spieler unter Verwendung der vorhandenen Linien ein Labyrinth mit mehreren Eingängen, verzwickten Umwegen und Abzweigungen und vielleicht auch übereinander gelegten „Gängen". Einige Wege enden plötzlich in einer „Sackgasse" und nur eine einzige Strecke führt vom Start aus durch das gesamte Wegenetz hindurch tatsächlich zum Ziel auf der gegenüberliegenden Blattseite.

Variante
Das Labyrinth beginnt bei einem Mittelpunkt und wird von innen nach außen angelegt. Nur ein Weg führt in die Freiheit.

Von A bis Z erlogen

ab
1 Spieler

Gebraucht werden
Schreibpapier, Stifte

Wer kann eine kleine, verrückte oder auch wahre Geschichte niederschreiben, deren erstes Wort mit einem „A" beginnt – alle weiteren Worte sollen jeweils fortlaufend mit den Buchstaben des gesamten Alphabets anfangen bis hin zum letzen Wort, das mit einem „Z" beginnen muss? (X und Y eventuell auslassen.) Wer zu mehreren ist, kann auch auf Zeit spielen. Wer als Erster fertig ist, darf seine Geschichte vorlesen. Vielleicht helfen alle zusammen, um noch fehlende Wörter in den anderen Geschichten zu ersetzen.

Was fällt denn dir ein?

ab 2 Spieler

Kein Material nötig

Tipp

Fördert Fantasie und Assoziationsvermögen.

Der älteste Spieler beginnt mit einem Einstiegssatz, etwa dem folgenden: „Wenn ich das Fenster sehe, denke ich an die Morgensonne." Der nächste Spieler greift nun das neue Wort auf und formuliert den nächsten Satz, z. B.: „Wenn ich an Morgensonne denke, fällt mir meine Sonnenbrille ein." Wieder kommt ein anderer dran: „Wenn ich an meine Sonnenbrille denke, will ich am liebsten gleich in den Süden fahren." Und weiter: „Wenn ich an den Süden denke, schmecke ich die tollsten Fruchtsäfte." So geht die Geschichte immer weiter, bis jemand an „Aufhören" denkt.

Meine Nase ist groß wie eine Vase

ab 3 Spieler

Kein Material nötig

Der kranke Spieler beginnt und sagt: „Meine Nase ist groß wie eine Vase." Der nächste Spieler muss wiederholen, was eben gesagt wurde, und einen neuen Satz hinzufügen: „Meine Nase ist groß wie eine Vase und mein Kopf ist heiß wie ein Topf." Zu jedem benannten Körperteil soll ein Reim gefunden werden. Weiß jemand keine Körperteile mehr, endet das Spiel.

Variante

Dieses Spiel lässt sich auch gut mit Gegenständen im Raum oder in der Umgebung spielen: „Dort ist eine Tankstelle, da tanken nur ganz Schnelle. Und da hinten ist eine Mühle, die ich in der Nacht durchwühle" usw.

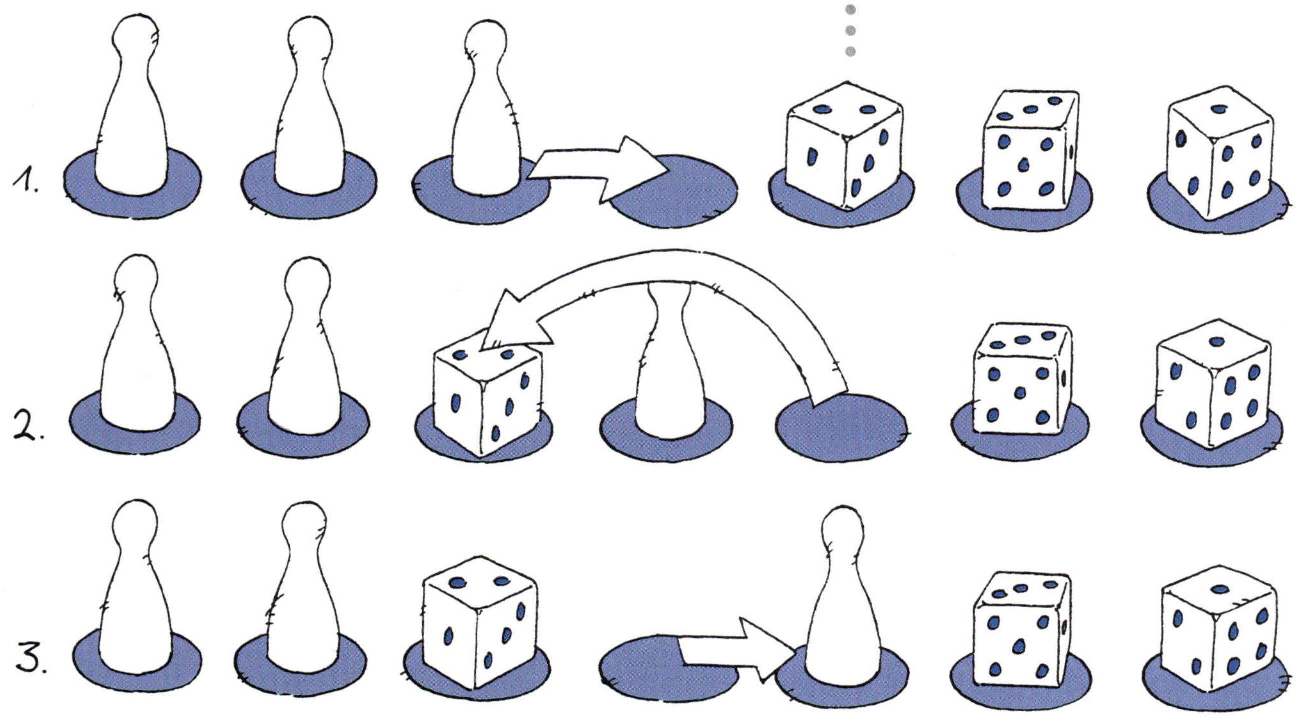

Känguru und du

ab 1 Spieler

Auf ein Blatt Papier werden sieben Spielfelder in einer Reihe aufgemalt. Auf einer Seite legt man je Feld eine Figur der ersten Sorte ab und auf der anderen Seite die anderen. Das Feld in der Mitte bleibt frei. Aufgabe ist, die Figuren auf die jeweils gegenüberliegende Seite zu bringen. Dabei ist es erlaubt, eine Figur zu überspringen, zwei Mal hintereinander mit der gleichen Figur zu ziehen oder auch eine Figur zu schieben, sofern das Feld dahinter frei ist. Spannend ist es auszuprobieren, wie viele Züge nötig sind, um das Ziel zu erreichen.

Gebraucht werden

Zweimal je drei gleiche Spielfiguren, Gegenstände oder Münzen (z. B. rote und gelbe, große und kleine, runde und eckige usw.), Zeichenpapier, Stift

Varianten

Die Anzahl der Spielfelder wird auf neun erhöht. Es wird mit je vier Figuren gespielt. Die Figuren-Sorten müssen abwechselnd gezogen werden.

Schnürl-Kunst

ab 1 Spieler

Jetzt braucht es Fingerspitzengefühl und Vorstellungskraft. Zunächst erdenkt sich ein Spieler einen Gegenstand. Mit geschlossenen Augen soll dieser mit Wollfäden auf einem möglichst glatten Untergrund in Umrissen ausgelegt werden. Nicht immer ist der ausgedachte Gegenstand auch wirklich zu erkennen und es kommt zu witzigen Überraschungen.

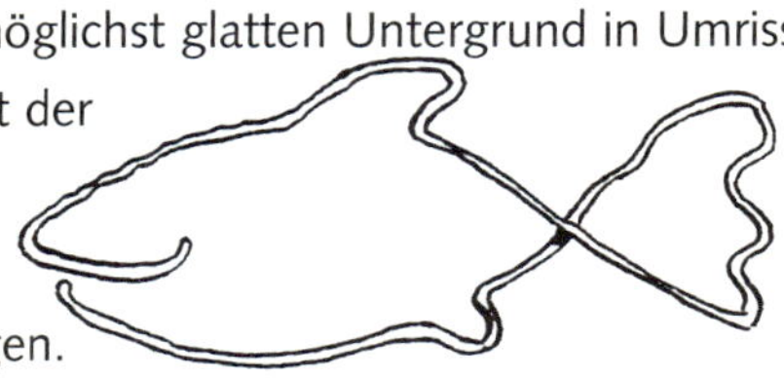

Gebraucht werden

Einige etwa 20 cm lange, dickere Wollfäden

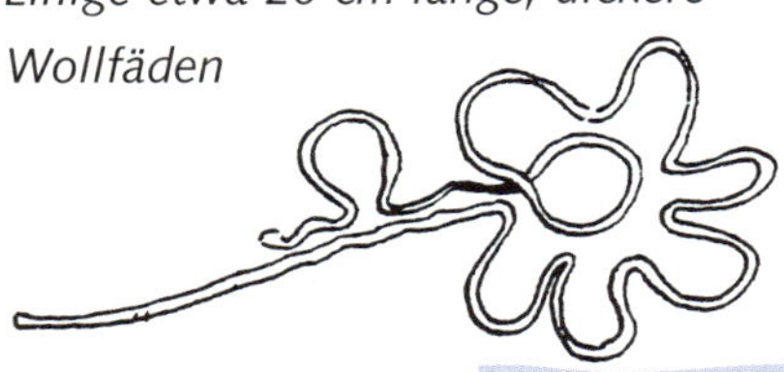

Mit Grips

Denken, Raten, Lachen – die Spiele dieses Kapitels fördern Fantasie, Assoziations- und Denkvermögen, meist auch die sprachliche Ausdrucksfähigkeit. Und machen Spaß.

Du hast es – du hast es nicht

ab 4 Spieler

Kein Material nötig

Tipp

Das ideale Spiel für angehende Detektive: Fördert die Fähigkeit genau hinzusehen, scharf zu kombinieren und die richtigen Schlüsse zu ziehen

Wer am schnellsten „Ich" ruft, darf zuerst ein Rätsel aufgeben. Er wählt für sich geheim einen Gegenstand oder ein bestimmtes Detail an der Kleidung oder dem Aussehen eines bestimmten Mitspielers aus, beispielsweise eine Anstecknadel, eine Haarspange, einen Gürtel, Schuhbänder, gelbes Kleidungsstück, schmutzige Strümpfe, offene Schuhe, lange Ärmel usw. Die anderen Spieler sitzen oder stehen in der Runde. Er tritt vor einen Spieler, sieht ihn sich von oben bis unten genau an und sagt dann „Du hast es" oder auch „Du hast es nicht" – ohne sich jedoch anmerken zu lassen oder womöglich durch zu genaues Hinsehen zu verraten, was er ausgewählt hat. Dann wechselt er zum nächsten. Wer zuerst errät, was das Gesuchte ist, darf das nächste Rätsel aufgeben.

Ja – Nein – Ich

ab 2 Spieler

Kein Material nötig

Tipp

Bei diesem Spiel kommt es auf gelungene Formulierungen an, die spaßig sind, ohne dabei Mitspieler zu beleidigen oder zu verletzen.

Pfiffigkeit braucht es für diesen Denkspaß. Ein Spieler stellt reihum drei Fragen. Die erste davon muss mit „Ja", die zweite mit „Nein" und die dritte mit „Ich" beantwortet werden. Es kommt also darauf an, die Fragen so zu formulieren, dass die vorgegebenen Antworten möglichst originell passen sollten.

Beispiel

Möchtest du mir Schokolade schenken? („Ja") – Macht es dir etwas aus, wenn ich dir etwas Wasser in den Kragenausschnitt schütte? („Nein") – Wer räumt später die Küche auf? („Ich")

Doppeldeutiges

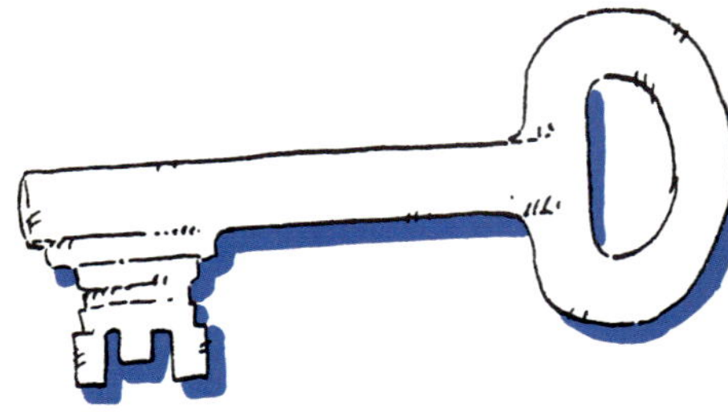

ab 2 Spieler

Gebraucht werden

Eine Schachtel, Ansammlung von Gegenständen, die in zweierlei Weise gedeutet werden können: Schloss, Waschlappen, Kugel, Rahmen, (Schall-)Platte, Stecknadel, Schlange, kleine Ente, Federn, Pantoffel, Ball, Schweinchen-Figur, Strauß, Haken, Schlüssel, Bauklötze, Nuss, Korb, Stift, Brett, Bild ...

Tipp

Im Gegensatz zum altbewährten „Teekesselchen-Spiel“ wird hier neben dem symbolischen Denkvermögen und sprachlichen Verständnis auch noch die schnelle visuelle Wahrnehmung gefördert.

Der Spielleiter stellt eine Schachtel mit allerlei „Krimskrams“ so auf den Tisch, dass alle Spieler gut hineinsehen können. Dann beschreibt er einen Gegenstand mit zwei Bedeutungen. Die Spieler sollen erraten, um was es sich dabei handelt. Wer zuerst das Richtige aus der Schachtel holt, behält es als Punkt. Aufmerksamster Doppeldeuter ist schließlich, wer die meisten Punkte (Gegenstände) erhalten hat.

Beispiele doppeldeutiger Gegenstände

- Wohnsitz adliger Menschen – Sicherung für ein Hoftor (Schloss)
- Bezeichnung für einen Feigling – Utensil zur Selbstreinigung (Waschlappen)
- Manch einer schiebt es gemütlich vor sich her – Es rollt leicht davon (Kugel)
- So manches fällt da heraus – Oft sind schöne Bilder darin (Rahmen)
- Früher konnte man es abspielen – Ältere Herren haben es auch manchmal (Platte)
- Der eine hört es fallen – Ein anderer sucht es im abgemähten, vertrockneten Gras (Stecknadel)
- An der Kasse im Supermarkt steht man öfters darin – Ein Wurm sieht so ähnlich aus (Schlange)
- In der Zeitung steht sie – Im Stadtweiher schwimmt sie (Ente)
- Manch ein Streithahn lässt sie in einer Auseinandersetzung – Du kannst dann gut darauf schlafen (Federn)
- Wenn er es anhat, ist er ein Held – Eigentlich machen sie nur warme Füße (Pantoffel)
- Ein Superereignis für gut angezogene Leute – Groß und Klein drischt es mit dem Fuß oder wirft es herum (Ball)
- Wer Glück hat, hat's – Als Braten schmeckt's (Schwein)

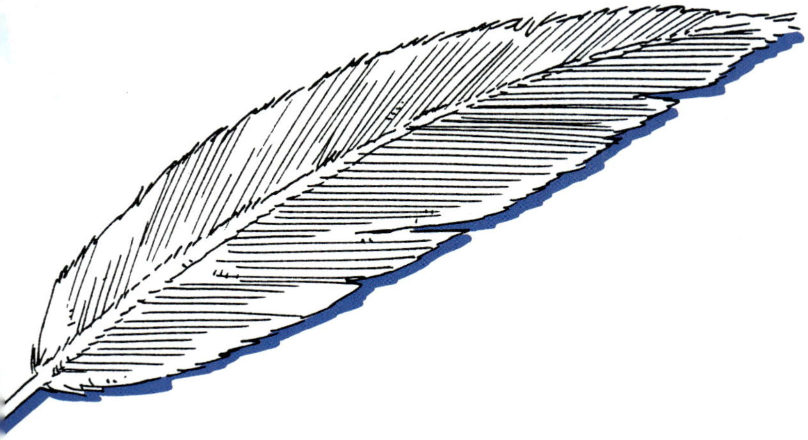

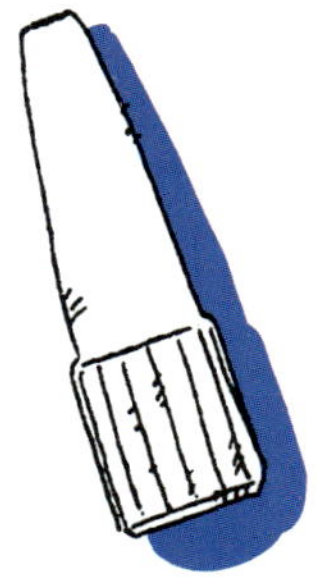

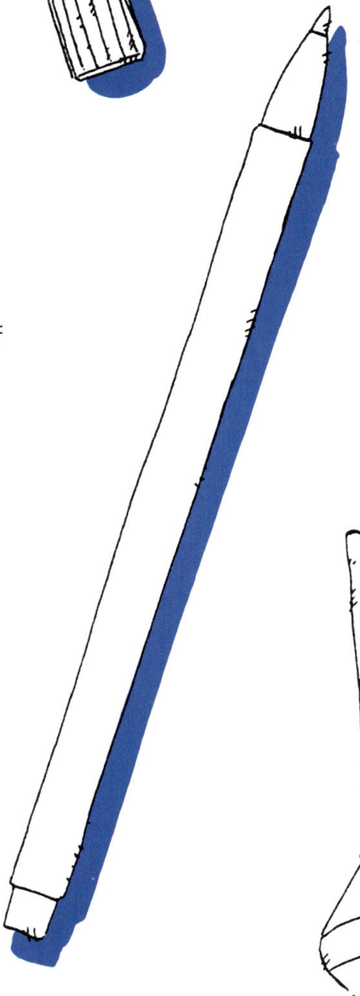

- Die Geliebte bekommt's beim Rendezvous – Manchmal steckt er den Kopf in den Sand (Strauß)
- Die Sache hat ihn manchmal – Den Anorak hält er (Haken)
- Mit ihm kann man Geheimcodes knacken – Du kriegst die Tür damit auf (Schlüssel)
- Sie werden oft gestaunt – Der erste Turm entsteht damit (Bauklötze)
- Als Rätsel ist es hart – Der Knacker knackt es (Nuss)
- Wenn sie nicht will, gibt sie es ihm – Ein Mädchen brachte darin Wein und Kuchen (Korb)
- Der Lehrling ist es – Der Manager kaut darauf (Stift)
- Es spielt sich oft darauf was ab – Andere haben es direkt vor dem Kopf (Brett)
- Ich kann es mir von dir machen – Später häng ich es auf (Bild)

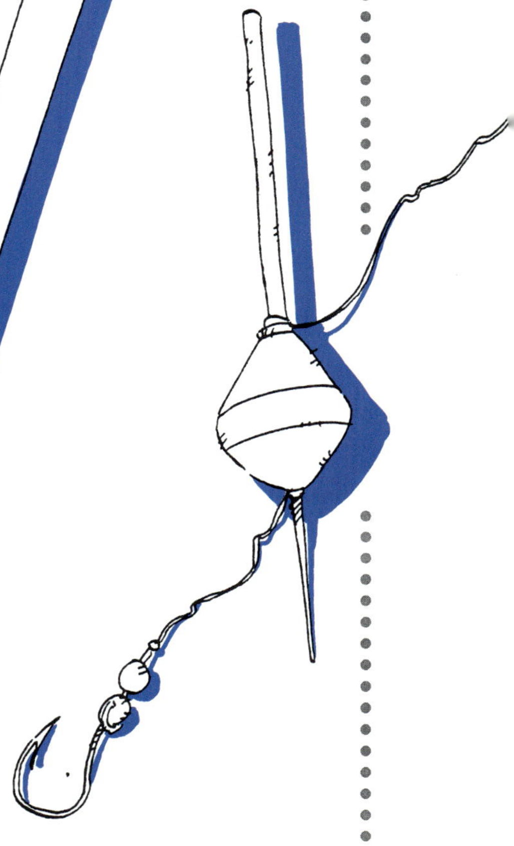

Variante

Wem das Zusammentragen der zahlreichen Gegenstände zu umständlich oder zeitaufwendig ist, kann das Spiel als „Teekesselchen"-Spiel in gewohnter Weise spielen. Einer beschreibt die zwei Bedeutungen eines Begriffes und wer ihn von den anderen zuerst errät, darf das nächste Rätsel aufgeben.

Mein Teekesselchen

- kann man fahren – ist ein berühmter Globetrotter im Mittelalter, der besonders Asien bereiste (Polo)
- ist eine in Fett gebackene, hauchdünne Kartoffelscheibe – ist ein kleiner „Baustein" in jedem Computer (Chip)
- kennt man als einen leckeren Schokoriegel – ist ein Planet (Mars)
- ist ein sicherer Ort für mein Geld – ist eine gute Gelegenheit, mich bei einer Wanderung auszuruhen (Bank)

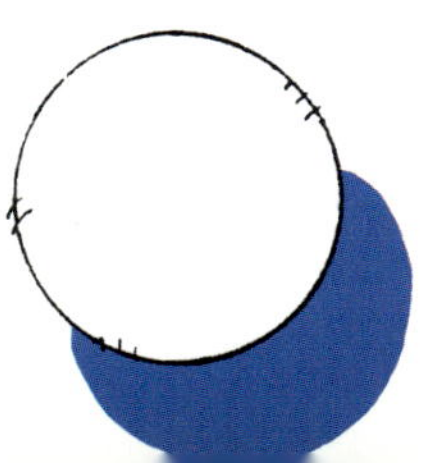

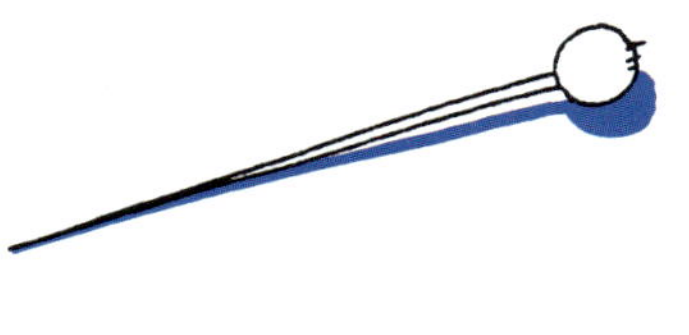

ab
2 Spieler

Gebraucht werden
Zettel, Stifte, Würfel

Spekulieren

Jeder Spieler erhält ein Blatt Papier und einen Stift. Das Blatt wird in drei Spalten unterteilt, „Hunderter", „Zehner" und „Einer". Jeder würfelt dreimal hintereinander. Jedes einzelne Ergebnis trägt er nach eigener Überlegung in eine der drei Spalten ein. Wichtig: Je Spalte darf nur eine Zahl geschrieben werden. Wenn jeder Spieler fünfmal an der Reihe war (mit je drei Würfen), endet das Spiel. Jeder zählt Spalte für Spalte (also von oben nach unten, nicht von rechts nach links) zusammen und notiert das Ergebnis unter der jeweiligen Spalte. Es wird keine Quersumme oder Gesamtsumme der drei Spalten erstellt. Von links nach rechts werden die drei Spalten-Ergebnisse gelesen. Wer die größte Zahl erreicht hat, war der beste Spekulatius.

Beispiel
Die Gewinnzahl lautet: 171715.

Variante
Jeder darf so oft würfeln, wie er möchte. Wenn er aufhört, darf er sich die Ergebnisse notieren. Sobald er allerdings eine „1" würfelt, verfallen alle in dieser Runde erwürfelten Punkte. Damit das übersichtlich für alle bleibt, wird nach jeder Würfelrunde ein Strich unter die bisherigen Ergebnisse gezogen.

Scherzfragen

ab 2 Spieler

Gebraucht werden

Scherzfragen und Antworten

Einer liest die Fragen vor, die anderen versuchen, die richtige Antwort zu geben.

1. Welcher Peter macht den meisten Lärm?
2. Wie heißt der höflichste Fisch?
3. Wann ist die gefährlichste Jahreszeit?
4. Was riecht gut und schmeckt fürchterlich?
5. Welches Tier ist dem Affen am ähnlichsten?
6. Was sind den meisten die beliebtesten Namen?
7. Welcher Ring ist nicht rund?
8. Welchen Fall mögen berühmte Menschen am liebsten?
9. Welcher Fluss ist größer, Isar Oder Saale?
10. Warum wedelt der Hund mit dem Schwanz?
11. Was hat zwei Enden, aber keinen Anfang?
12. Wer hat ein Bett und kann doch nicht schlafen?
13. Welches Gewicht lässt uns nicht umfallen?
14. Wer kann in allen Sprachen reden?
15. Weshalb macht der Hahn beim Krähen die Augen zu?

1. Trompeter
2. Bückling
3. Frühling: Salat schießt, Bäume schlagen aus
4. Seife
5. Äffin
6. Die Einnahmen
7. Boxring oder Hering
8. Beifall
9. Oder
10. Weil der Schwanz nicht mit dem Hund wedeln kann
11. Die Wurst
12. Ein Fluss
13. Das Gleichgewicht
14. Das Echo
15. Weil er es auswendig kann

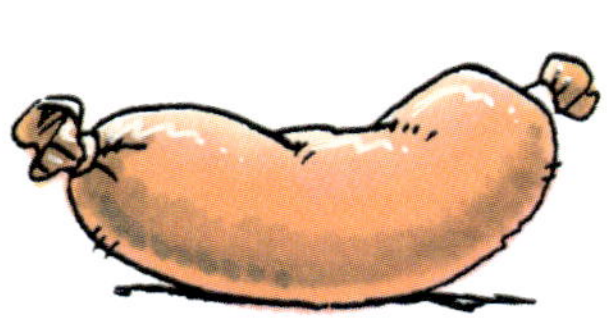

ab 2 Spieler

Gebraucht werden
Papier, Stifte

Kommissar Schlaufuchs

Jeder Spieler denkt sich einen kurzen Kriminalfall aus und notiert diesen auf ein Blatt (fünf Zeilen sind genug). Auf ein weiteres Blatt schreibt jeder kurz einen klaren Tatbestand dieses Falles, zum Beispiel:
Tatbestand: Der Zugschaffner schrie vor allen Leuten einen Fahrgast an, der dann erleichtert seine Fahrkarte löste.
Ein Spieler beginnt und liest seinen „Tatbestand" vor. Die anderen Spieler versuchen nun durch Fragen herauszufinden, was hinter dem Fall steckt. Die Fragen sind allerdings so zu stellen, dass sie nur mit „Ja" oder „Nein" beantwortet werden können. Mehr darf ein Befragter nämlich nicht sagen. Wurde das Rätsel gelöst, kommt der Fall eines weiteren Spielers an die Reihe.

Lösung des obigen Beispiels: Der Mann wollte seinen Fahrschein lösen, konnte aber wegen eines starken Schluckaufs sein Fahrziel nicht nennen. Der Schaffner erkannte das Problem und erschreckte den Fahrgast. Der Schluckauf war endlich weg und der Mann kaufte erleichtert den Fahrschein.

ab 4 Spieler

Gebraucht werden
Zettel und Stifte

Was hast denn du gedacht?

Jemand nennt ein Hauptwort. Der linke Nachbar dieses Spielers notiert sich den Begriff, der ihm dazu als Erstes einfällt, geheim auf seinen Zettel. Die anderen Mitspieler sollen herausfinden, welcher Gedanke das wohl war. Reihum nennt jeder seine Idee. Waren alle an der Reihe, darf wild durcheinander geraten werden. Wer schließlich den Begriff errät, darf das nächste Vorgabewort nennen. Der links von ihm sitzende Spieler bekommt Zettel und Stift, um seinen spontanen Einfall dazu aufzuschreiben.

ABC der gleichen Art

ab 2 Spieler

Kein Material nötig

Einer der Spieler stellt eine kurze und präzise Frage. Die Mitspieler antworten nacheinander – dabei müssen die Anfangsbuchstaben der Antworten in alphabetischer Reihenfolge gegeben werden.

Beispiel

Was macht jedem hier großen Spaß?
Antwort 1: Angeln, Antwort 2: Baden, Antwort 3: Chamäleons züchten, Antwort 4: Drachen steigen lassen, Antwort 5: Eis lutschen …

Was man damit machen kann

ab 3 Spieler

Gebraucht werden

Papier und Stifte

Tipp

Besonders für altersgemischte Gruppen geeignet – Kinder haben hier oft die clevereren Ideen.

Die Spieler erhalten ein Blatt und einen Stift. Dann notiert sich jeder fünf völlig unterschiedliche Gegenstände. Sind alle fertig, liest der jüngste Spieler seinen ersten Begriff vor und nun sollen alle innerhalb von etwa zwei Minuten auf ihren Zettel möglichst viele verschiedene Verwendungszwecke für den genannten Begriff aufschreiben. Dabei muss es nicht völlig ernst zugehen. So kann man mit einem Ziegelstein auch mal ein Ei aufschlagen, ihn als Kerzenhalter verwenden oder Weitwurf damit üben.
Der Reihe nach lesen alle ihre Ideen vor. Für jeden nicht allzu abwegigen Gedanken gibt es jeweils einen Punkt. Dann nennt der Spieler mit den meisten neuen Verwendungsideen für den letzten Begriff einen seiner anfangs notierten Worte und schon überlegen wieder alle, was man damit alles machen kann. Das Spiel ist zu Ende, wenn alle ihre Worte vorgetragen haben und niemandem mehr etwas einfällt. Wer die meisten Punkte ansammeln konnte, ist „Ideenmeister des Tages".

Beispiel-Begriffe

Telefon, Glas, Antennenkabel, Fahrradreifen, Kreidestück, Teller, Holzpfahl, Topfkratzer, Buch, Tonklumpen, Drahtbügel, Gießkanne, Schuhbürste, Fahrradlenker und viele andere mehr

ab 4 Spieler

Gebraucht werden

Zettel und Stifte

Tier erkannt, richtig benannt

Der älteste Spieler beginnt und denkt sich ein Tier aus, das er darstellen möchte. Sobald er es für sich festgelegt hat, notiert er das auf einem kleinen Zettel und legt ihn verdeckt beiseite. Die anderen Spieler dürfen jedoch nicht direkt nach dem gesuchten Tier fragen, sondern müssen versuchen, es durch verschiedene „Lockmethoden" herauszufinden.
Sie bieten ihm zum Beispiel bestimmtes Futter an oder laden es an einen genau beschriebenen Ort ein, zum Beispiel „eine Mauerritze" oder „auf einen Fabrik-Schlot". Oder sie kümmern sich in bestimmter Weise um das „Tier", streicheln es beispielsweise oder „werfen altes Brot hin". Stets versuchen sie herauszufinden, was ihm vermutlich gut tun würde. Das zu erratende „Tier" darf auch zutreffende oder weniger zutreffende Fragen oder Aussagen kommentieren und als „passend" oder „angenehm" bzw. als „falsch" oder „unangenehm" benennen.
Sobald jemand meint, das Tier erkannt zu haben, ruft er: „Erkannt" und nennt dann den Namen des Tieres. Stimmt es (zur Kontrolle die Notiz nachlesen), wird der Richtig-Rater das nächste Tier.

Variante

Statt eines Tieres kann man sich auch einen Beruf ausdenken. Hier müssen sich die Ratenden Werkzeuge, Orte und bestimmte Aufträge ausdenken.

Beispiel 1

„Komm, ich kraule dich ein wenig hinter den Ohren", „Wenn du magst, darfst du auch mit meinem Wollknäuel spielen", „Gleich in der Früh bekommst du etwas Milch und ich lasse dich dann sofort zur Terrassentür hinaus" (vermutet wurde, dass der Spieler eine „Katze" ausgewählt hat).

Beispiel 2

„Ein Sturm hat an unserem Dachstuhl großen Schaden angerichtet. Vielleicht kannst du mithelfen, den entstandenen Schaden wieder gutzumachen", „Sicher hast du eine große Säge und einen Hammer", „Gegen die Sonne bietet dir sicher dein Schlapphut Schutz", „Den setzt du ja auch sonst auf, wenn du tagelang mit deiner gerollten Wolldecke unterwegs bist" (vermutet wurde, dass der Spieler ein „Zimmermann" ist).

Aus Großmutters Zeiten

Spiele entwickeln und verändern sich wie die Kultur, in der sie entstehen. Jede Zeit hat ihre Kinder und alle Kinder haben ihr Spiel – und das ist auch gut so. Viele alte Spiele sind es jedoch wert wieder entdeckt zu werden und oft tauchen ältere Mitspieler dabei in Kindheitserinnerungen ein.

ab 2 Spieler

Die drei Gruben

Gebraucht werden

Schusser (Murmeln, Klicker) für jeden Spieler

Mit einem Abstand von jeweils eineinhalb Metern werden mit der Schuhhacke in einer Linie hintereinander drei runde Vertiefungen von etwa zehn Zentimetern Durchmesser und etwa zwei Zentimetern Tiefe in den Boden gedrückt. In gleicher Linienrichtung, aber etwa zwei Meter davon entfernt wird die Grundlinie eingezeichnet, von welcher aus das Spiel startet. Der erste Spieler wirft oder rollt nun seinen ersten Schusser möglichst in das erste Loch. Gelingt ihm das, darf er von diesem Loch aus seine Keramik- oder Glaskugel in das zweite Loch kullern und bei Erfolg von da aus in das letzte. Sobald jedoch eine Murmel nicht in der betreffenden Vertiefung landet, muss sie in die bisher erreichte Vertiefung zurück. Wer beim ersten Loch schon einen Fehlwurf hat, lässt einen Schusser an der Startlinie liegen. Bei jedem Fehlwurf kommt der nächste Spieler an die Reihe. Sobald einer das dritte Ziel erfolgreich erreicht hat, bekommt er von dem anderen (bei mehreren Mitspielern von jedem) einen Schusser als Siegprämie. Gespielt wird, solange alle Spaß an dem Spiel haben oder bis jemand keine Klicker mehr hat.

ab 2 Spieler

Finger-Knobeln

Gebraucht werden

Zehn Steinchen als Gewinnpunkte

Zwei Spieler sitzen oder stehen einander gegenüber und halten ihre Fäuste geballt in Brusthöhe hoch. Gleichzeitig strecken dann beide eine selbst gewählte Anzahl Finger aus und nennen im gleichen Augenblick eine beliebige Zahl zwischen 0 und 20. Wer mit der genannten Zahl die tatsächliche Anzahl der insgesamt vorgestreckten Finger trifft, bekommt ein Steinchen als Siegpunkt. Das Spiel endet, sobald alle Steinchen verteilt sind.

Variante

Vereinfacht kann man auch „Grade – Ungrade“ spielen. Dabei geht es nicht um die genaue Anzahl, sondern nur darum, ob die entstandene Zahl gerade oder ungerade ist.

Die Meisterprüfung

ab 3 Spieler

Gebraucht werden

Ein Ball, Hauswand oder dicker Baum

Am einfachsten spielt sich dieses Geschicklichkeitsspiel (auch bekannt unter „Die sieben Künste" oder „Ballprobe") an einer Hauswand. Auch ein dicker Baum kann als Wurfziel dienen. Ist beides nicht vorhanden, kann der Ball auch einfach hochgeworfen werden. Das ist die schwerste Spielweise.

Alle folgenden Aufgaben sind je siebenmal hintereinander auszuführen, wobei jedes Mal der Ball wieder aufgefangen werden muss:

- Ball werfen (an die Hauswand, den Baum oder in die Luft)
- Zwischen Werfen und Fangen in die Hände klatschen
- Niederknien und wieder aufstehen
- Ball mit der rechten Hand hochwerfen und mit der linken fangen
- Ball mit der linken Hand hochwerfen und mit der rechten fangen
- Einmal um die eigene Achse drehen
- Alle bisherigen Aufgaben in Reihenfolge hintereinander ausführen, also Ball hochwerfen, dann werfen und klatschen, werfen und hinknien, einmal mit der rechten und einmal mit der linken Hand werfen und mit der jeweils anderen fangen, eine Umdrehung machen.

Wer eine der Aufgaben nicht wie vorgesehen erfüllt, gibt den Ball einem anderen Spieler, der dann seine „Meisterprüfung" machen kann. Normalerweise darf man – wenn man wieder an die Reihe kommt – dort weitermachen, wo vorher Schluss war, außer der Fehler geschieht beim jeweils ersten Wurf einer neuen Übung. Wer dabei einen Fehler macht, muss von ganz vorne beginnen (also mit der allerersten „Prüfung")! Lässt man den Ball erst beim zweiten Mal oder noch später innerhalb einer Übung fallen, muss man beim nächsten Mal nur diese Übung komplett wiederholen. Ein Fehler beim siebten Wurf einer Aufgabe bleibt ungeahndet. Wer zuerst alle „Prüfungen" meistern konnte, wird auch so genannt: Meister. Der Zweitbeste darf sich „Altgeselle" und der Dritte „Geselle" nennen. Alle anderen bleiben „Lehrlinge".

Einige weitere Ballwurf-Aufgaben

- Ball mit rechts zwischen den Beinen durchwerfen und links fangen
- Ball mit links zwischen den Beinen durchwerfen und rechts fangen
- Mit dem Rücken zur Wand gedreht und den Ball mit beiden Händen durch die Beine werfen, umdrehen und ihn wieder auffangen
- Den Ball eine vorher angekündigte Anzahl an die Wand pritschen, ohne ihn dazwischen festzuhalten oder aufzufangen
- Ball werfen, in die Hände klatschen, eine komplette Drehung vollziehen und ihn wieder auffangen.

ab 4 Spieler

Gebraucht werden
Tuch oder Ball

Tipp
Dieses Spiel hat keinen bestimmten Namen, wurde und wird überall gerne gespielt. Es fördert auf einfache Weise die darstellerische, durch das Formulieren der Fragen auch die sprachliche Ausdrucksfähigkeit.

Schweigend antworten

Ein Spieler wirft einem anderen ein zusammengeknotetes Tuch (oder einen Ball) zu und stellt eine Frage, die dieser Spieler mit einer stillen Geste, also ohne zu sprechen, beantworten soll. Ist der Fragende zufrieden, darf der Antworter selbst einem Spieler das Tuch zuwerfen und eine neue Frage stellen.

Beispiele
- Womit beschäftigst du dich am liebsten in den Ferien?
- Welches Instrument hättest du gerne einmal spielen gelernt oder spielst du?
- Wie isst du deine Lieblingsspeise?
- Welche Sportart magst du?
- Mit welchem Tier könntest du dein Zimmer teilen?
- Welche Freizeitbeschäftigung betreibst du am häufigsten?
- Wie möchtest du dich auf deiner Hochzeitsreise fortbewegen?
- Welche Pflanze gefällt dir am besten?
- Was tust du allein zu Hause?
- Wie sieht die Hauptbeschäftigung deines Traumberufes aus?

ab 4 Spieler

Gebraucht wird
Ebene Spielfläche

Hahn und Hühner

Der Hahn wird ausgelost, alle anderen Spieler sind die Hühner. Die Spielfläche ist der Hühnerhof. Alle Hühner stehen zu Beginn auf einer Schmalseite des Hofes, der Hahn in der Platzmitte. Der Hahn ruft: „Der Hahn kräht eins – der Hahn kräht zwei. Ein Scheffel Weizen, ein Korb mit Spreu. Ihr Hühner fliegt nun aus – wen ich fass, trägt mich nach Haus!“ Alle Hühner rasen los und versuchen auf die gegenüberliegende Seite des Hühnerhofes zu gelangen, ohne vom Hahn berührt zu werden. Der versucht, eines zu erwischen. Gelingt es ihm, muss das „arme Huhn“ den Hahn auf dem Rücken zur Platzmitte tragen. Dann wird das Huhn aber zum neuen Hahn.

Sautreiben

ab 4 Spieler

Zuerst wird in der Mitte der Spielfläche eine ballgroße Vertiefung in den Boden gegraben, der so genannte „Stall“. Dann kratzt man mit etwa zwei oder drei Metern Abstand kleinere Mulden, die „Häuser“, gleichmäßig im Kreis um den Stall herum, eines weniger als Mitspieler. In eine dieser kleinen Mulden wird zu Beginn der Ball gelegt. Die Spieler stehen anfangs alle um den Stall und halten ihren Stock mit einem Ende in die Vertiefung. Gemeinsam rufen alle: „Eins, zwei, drei – die Sau ist frei.“ Jeder rennt schnell zu einem der umliegenden Häuser und hält seinen Stock hinein. Auch das mit dem Ball besetzten Haus darf so belegt werden. Ein Spieler bleibt übrig und muss nun versuchen, den Ball – das „Wildschwein“ – in den Stall zu treiben. Alle anderen Spieler versuchen das zu verhindern, indem sie mit ihren Stöcken den Ball vom Mittelpunkt wegschlagen. Gelingt es dem „Sautreiber“ allerdings, das „Wildschwein“ in den Stall zu treiben, wechseln alle anderen sofort wieder den Platz und der Sautreiber kann dabei versuchen, sich einen Platz bei einem der Häuser zu erobern und seinen Stock dort niederzulassen. Dann ist ein anderer Spieler der neue „Sautreiber“.

Gebraucht werden

Ein nicht zu kleiner Ball (größer als ein Tennisball, kleiner als ein Fußball), für jeden Spieler ein etwa 50 cm langer, besenstieldicker Stock, ebene, unversiegelte Fläche im Freien

Tipp

Bei diesem wilden Spiel ist trotz allem Spaß Vorsicht geboten, denn so ein Stockhieb kann wehtun! Nur auf den Ball schlagen!

Der blinde Marsch

ab 5 Spieler

Ein Spieler übernimmt die Rolle der Spielleitung. Die Spieler teilen sich in zwei Gruppen auf, die sich mit etwa 20 Metern Abstand zueinander aufstellen. Auf halber Strecke zwischen den beiden Gruppen wird das Ziel mit einem Pfosten, Tuch oder Stein markiert. Die Spieler einer Gruppe schließen die Augen und dürfen diese erst wieder öffnen, wenn die Spielleitung es erlaubt. Aufgabe ist es nun, sich dem Ziel blind mit zwölf Schritten zu nähern. Es darf auch nicht gesprochen werden. Wer zwölf Schritte gegangen ist, bleibt stehen. Stehen alle, gibt der Spielleiter das Signal zum Augenöffnen. Gewonnen hat, wer dem Ziel am nächsten ist. Dann kann sich die zweite Gruppe im „blinden Marsch“ erproben.

Gebraucht werden

Große Spielfläche, Markierung (Pflock, Tuch, Stein)

ab 5 Spieler

Gebraucht wird
Große Freispielfläche

Bauer, treib die Schafe aus

Zuerst wird vereinbart, wer den Bauer und wer den Wolf spielt. Die restlichen Spieler sind die Schafe. Der Wolf steht an der Schmalseite der Spielfläche, alle anderen am gegenüberliegenden Spielfeldrand. Der Wolf ruft: „Bauer, treib die Schafe aus." Der zieht mit seiner Herde los und versucht die gegenüberliegende Seite der „Weide" zu erreichen, ohne ein Schaf an den Wolf zu verlieren. Dieser darf Schafe jagen und versuchen, sie mit der Hand abzuschlagen. Sie bleiben dann auf einer Seite der Spielfläche („Weide") stehen, bis das Spiel zu Ende ist.
Der Bauer kann verhindern, dass der Wolf Schafe „reißt", indem er sich schützend vor seine Tiere stellt oder aber den Wolf berührt. Wird der getroffen, verwandelt er sich sofort in ein Schaf und das Spiel endet. Es ist auch Schluss, wenn der Wolf drei Runden lang (Wechsel von einer zur anderen Spielfeldseite) kein Schaf erwischt hat. Dann wird ein neuer Wolf und ein neuer Bauer ausgewählt.

ab 4 Spieler

Gebraucht wird
Ebene Spielfläche

Hirt und Herde

Ein Spieler wird Hirte, der Rest ist die Schafherde. Der Hirte wird zu einer markierten Stelle im Spielfeld geführt. Dort ist der „Stall". Er schließt die Augen. Die anderen Spieler gehen nun alle der Reihe nach zum Hirten, klopfen ihm von hinten leicht auf den Rücken und fragen ihn: „Hirt, Hirt, wie viele Schritte erlaubst du mir?" Der Hirt nennt eine bestimmte Zahl, der betreffende Spieler entfernt sich ganz leise entsprechend viele Schritte in eine beliebige Richtung und bleibt dann stehen. Sind alle „Tiere" auf der Weide verteilt, ruft der Hirte: „Wo ist meine Herde?" Alle Schafe meckern kurz. Der Hirte geht mit weiterhin geschlossenen Augen los und versucht, eines der Tiere zu finden. Sobald er einen Spieler trifft, fragt er ihn: „Wer bist du?" Der Hirt soll aufgrund des Meckerns erraten, um wen es sich handelt. Gelingt ihm das, ist er von seiner Hirten-Aufgabe erlöst und das „erkannte Schaf" wird neuer Hirte. Erkennt er den Mitspieler nicht, wird er vom Schaf wieder zum Stall geführt und das Spiel beginnt von neuem.

Fuchs ins Loch

Der erste „Fuchs" wird ausgewählt. Er malt mit Kreide seinen Bau auf den Boden, einen Kreis mit etwa eineinhalb Metern Durchmesser. Darin kann er sich ganz normal bewegen. Sobald er den Kreis jedoch verlässt, darf er nur noch mit einem Bein den Boden berühren. Die anderen Spieler versuchen, den Fuchs aus dem „Bau" zu locken und auf den Pelz zu schlagen (Rücken berühren). Aber auch der Fuchs ist nicht wehrlos. Trifft er einen der Spieler mit der Hand (oder dem Plumpsack), wird dieser der neue Fuchs. Kommt der Fuchs außerhalb des Kreises mit seinem zweiten Fuß auf den Boden, rufen alle sofort lauthals „Berührt! Berührt!" und treiben ihn wieder in den Kreis.

Gebraucht werden

Ebene Spielfläche, Kreide, ggf. „Plumpsack"

Tipp

Dieses Spiel ist ein typischer Vertreter früher häufig gespielter „Neck"-Spiele. Es wurde mit einem so genannten „Plumpsack" gespielt – oft ein verknotetes Taschentuch, aber auch mal ein mit Stroh oder Heu gefülltes Säckchen. Wenn man darauf achtet, dass möglichst viele verschiedene Spieler die „geneckte" Rolle übernehmen, ist der Spaß für alle garantiert. Die Spielaufgabe fördert zudem den Gleichgewichtssinn.

Bewegung und Abenteuer

Ob drinnen und draußen: Bei den nachfolgenden Spielen dürfen alle einmal wild und verwegen sein. Die „kleinen Abenteuer" sorgen dafür, dass man auch mal ganz schön außer Atem kommt – und bisweilen für ein wohliges Kribbeln im Bauch.

Klebball

ab 2 Spieler

Gebraucht wird
Ein Ball

Zwei Spieler stehen sich gegenüber und halten einen Ball ausschließlich mit der Stirn zwischen sich. Ohne ihn zu verlieren, sollen sich beide nun einmal um ihre eigene Achse drehen.
Dieser ideale Auftakt für einen tollen Spielenachmittag lässt sich mit zwei Spielern ebenso wie mit 20 Spielern durchführen und macht kleinen wie großen Leuten Spaß.

Alles in Ordnung

ab 4 Spieler

Gebraucht werden
Umfangreiche, in völlig falscher Seitenreihenfolge zusammengelegte Tageszeitungen mit jedoch gleicher Seitenmenge für jede zu bildende Kleingruppe

Jeweils zwei bis drei Spieler bilden ein Team. Jedes Team erhält eine vor dem Spiel präparierte Zeitung. Diese soll nach dem Startsignal geordnet und fein säuberlich zusammenlegt werden. Die Gruppe, die das zuerst schafft, darf das nächste Spiel vorschlagen.

Viele Leute, wenig Platz

ab 4 Spieler

Kein Material nötig

Ein etwa suppentellergroßer Punkt auf der Spielfläche wird vereinbart und evtl. mit einem Stück Papier markiert. Nun versuchen alle Spieler sich so zusammenzustellen, dass möglichst niemand mehr eine Stelle außerhalb dieser Fläche berührt.

Der Zeck muss weg

ab 4 Spieler

Gebraucht werden

Für jeden Spieler drei Wäscheklammern, freie Spielfläche

Jeder Spieler zwickt sich an seine Kleidung drei Wäscheklammern, die „Zecken". Nach dem Startsignal versucht jeder seine „Zecken" loszuwerden und den anderen Spielern anzuheften, ohne jedoch selbst welche zu erhalten. Wer beim Schlusssignal nach drei Minuten die wenigsten „Zecken" hat, gewinnt.

Schnäppchen

ab 3 Spieler

Gebraucht werden

Zwei Stühle, ein kleiner Gegenstand (Tennisball, trockener Schwamm, Papierknäuel o. Ä.)

Zwei Stühle werden Lehne an Lehne aneinander gestellt. Genau in die Mitte unter den beiden Sitzgelegenheiten wird ein Gegenstand, das „Schnäppchen", gelegt. Zwei Spieler starten und bewegen sich ununterbrochen um die beiden Stühle, den Blick stets auf das „Schnäppchen" gerichtet. Ein Dritter gibt ein Zeichen und so schnell es geht, setzt sich jeder der beiden Spieler auf einen Stuhl und versucht dann den Gegenstand unter dem Stuhl zu schnappen. Wer das schafft, darf in der nächsten Runde das Signal geben.

Autoskooter

ab 6 Spieler

Gebraucht wird

Große Spielfläche

Tipp

Auch Aufgaben zu mehreren Spielern sind möglich: „Drei haken sich mit den Armen ein und bewegen sich kreiselnd" oder „Zwei tragen einen" …

Alle bewegen sich als „Autoskooter" sehr schnell kreuz und quer auf der gesamten Spielfläche. Jeder soll sich dabei so bewegen, dass er möglichst niemand berührt, trotzdem aber durchaus sehr knapp an den anderen vorbeihuscht. Die ganze Spielfläche sollte genutzt werden. Ein Spieler übernimmt die Spielleitung. Sobald er ein Signal gibt (Händeklatschen, Pfiff o. Ä.), ruft er aus, wie sich die „Autoskooter" berühren sollen, z. B.: „Zwei Skooter Schulter an Schulter". Schon „fahren" wieder alle weiter. Beim nächsten Stopp heißt es dann „Rücken an Rücken", „Ohr an Ohr", „Schuhsohle an Schuhsohle", „Hinterkopf an Hinterkopf" oder auch „Po an Po". Die Berührungspunkte sollten nicht zu schwierig, aber durchaus ungewöhnlich gewählt werden: „Mit einer Hand durch die Beine nach hinten die Hand des Partners fassen".

Zirkus Minikus

ab 4 Spieler

Kein Material nötig

Zuerst wird ein Spieler zum Tierpfleger, ein weiterer zum Zirkusdirektor ernannt. Alle anderen sind die Zirkustiere, die sich frei in der Manege bewegen. Der Direktor ruft: „In meinem Zirkus Minikus ein jedes Tier was können muss." Er bestimmt eine Übung, die alle Tiere nachahmen sollen, z. B.: „Meine Tiere bewegen sich rückwärts auf allen vieren" oder „Alle Tiere können nur seitwärts gehen". Sobald eine neue Aktion verkündet wird, versucht der Tierpfleger blitzschnell ein Tier zu erwischen, das die Übung noch nicht sofort umsetzt. Kann er ein Tier „einfangen", bevor es die neue Dressur vollzogen hat, wechseln die beiden die Rollen. Nach fünf „Vorführungen" sollte auch der Direktor abgelöst werden.

Fliegende Untertassen

ab 4 Spieler

Gebraucht werden

Freie Spielfläche, 100 oder mehr Papp-Untersetzer (Bierdeckel)

Die Spieler bilden zwei Gruppen und teilen die Spielfläche in zwei gleich große Bereiche auf. In jedem Spielfeld werden gleich viele Papp-Untersetzer verteilt. Nach dem Startsignal versucht jede Gruppe ihre „Fliegenden Untertassen" möglichst schnell in das gegnerische Spielfeld zu werfen. Nach etwa drei Minuten ertönt das Schlusssignal und alle stoppen sofort. Die Gruppe mit den meisten „Untertassen" im eigenen Feld war nicht fix genug und muss alle Untersetzer wieder aufräumen.

ab 2 Spieler

Gebraucht werden

Unzählige Gegenstände des Alltags

Alles, was lang macht

Zwei Gruppen bilden sich. Nach dem Startsignal versuchen alle Spieler in der vereinbarten Zeit und Spielumgebung Gegenstände zu sammeln und miteinander zu verbinden. Ziel ist es, innerhalb von z. B. fünf Minuten die längste zusammenhängende Kette zu knüpfen. Jedes Ding muss dabei mit einem anderen verknüpft, verkettet, verwoben oder verbunden sein, ohne dass etwas kaputtgeht.

Variante

Es sollen Dinge gesammelt werden, die ein bestimmtes Attribut erfüllen: „Alles Runde“, „Nur blaue Dinge“ oder auch „Größer als ein Ei und kleiner als eine Grapefruit“.

ab 2 Spieler

Gebraucht werden

Viele alte Tageszeitungen, Paketschnur, Papierklebeband, verschiedene Gegenstände des Haushalts

Tipp

Für beide Spiele bitte vorher klar absprechen, welche Gegenstände nicht (!) verwendet werden dürfen, welche Räume oder Orte „tabu“ sind.

Christos Erben

Jeder Spieler bekommt zwei komplette Tageszeitungen und folgenden Auftrag: „Die Ausstellung zeitgenössischer Verpackungskunst steht bevor. Sucht euch Gegenstände und verpackt sie. In fünf Minuten findet hier die große Gesamtausstellung statt.“

Alle Spieler verpacken nun (möglichst ohne von ihren Gegenspielern dabei gesehen zu werden) die unterschiedlichsten Gegenstände aus der Umgebung. Nach der vereinbarten Zeit treffen sich alle, stellen ihre „Kunstwerke“ aus und erraten gegenseitig, was sie jeweils verpackt haben. Danach wird alles wieder in einer kunstvollen Aktion entpackt, verräumt und die Zeitungen zum Altpapier gegeben.

Supermaus

ab 4 Spieler

Zwei Teams werden gebildet. Außerdem ist ein Spielleiter erforderlich, der auf die Einhaltung der Regeln achtet. Jede Gruppe erhält eine „Maus". Auf das Startzeichen muss die Maus angefangen beim Hemdkragen des ersten Spielers durch dessen sämtliche Kleidung gefädelt werden. Schaut sie aus dem Hosenbein heraus, wird sie an den zweiten Spieler gereicht. Der fädelt das wendige „Tier" in sein Hosenbein ein nach oben, bis es beim Hemdkragen wieder herausspitzt. Von dort geht es weiter zum nächsten Spieler usw. so lange, bis es beim letzten der Gruppe die komplette Kleidung „durchlaufen" hat. Das schnellere Team gewinnt.

Gebraucht werden

Zwei etwa 4 m lange Paketschnüre, an die je ein mausgroßer Gegenstand (Kunststoffmaus, Flaschenöffner o. Ä.) gebunden ist. In das andere Ende einen Knoten knüpfen.

Tipp

Ein tolles Spiel, um mehr Leben in einer größere Gesellschaft (z. B. auf einer Hochzeits- oder Geburtstagsfeier) zu bringen.

Heldenbrust

ab 5 Spieler

Ein Spieler stellt die „zarte und anmutige Prinzessin", ein weiterer den „mutigen und ritterlichen Helden" dar. Die restlichen Spieler sind „neidvolle und grobklotzige Knappen". Die Knappen bilden einen Kreis, den „Burghof". In dessen Mitte halten sich die Prinzessin und der Held auf. Die Knappen wollen der Prinzessin nichts Gutes und versuchen sie mit einem grässlich-gruseligen „Untier" zu treffen. Blitzschnell werfen sie einander den Softball zu, um im geeigneten Augenblick auf die Prinzessin zu zielen. Der Held versucht dieses zu verhindern. Er stellt sich stets schützend vor die Prinzessin und wehrt die Wurfangriffe ab. Wird die Prinzessin doch getroffen, gibt es folgende Rollenveränderung: der Held wird „Prinzessin", die bisherige „Prinzessin" wechselt in das Lager der „Knappen" und der treffsichere Knappe wird neuer „Held".

Gebraucht werden

Große Spielfläche, ein Softball, Mini-Kissen oder Schaumgummi-Würfel

Hund und Metzger

ab 5 Spieler

Gebraucht werden

Eine aus einer Tageszeitung gerollte und mit Bindfaden oder Klebestreifen zusammengehaltene „Wurst", kleine Zettel, einer davon wird mit „Hund", einer mit „Metzger" beschriftet, die anderen bleiben leer

Die vorbereiteten Zettel werden gemischt, gezogen und heimlich angesehen. Niemand verrät, was er ist, egal ob Hund, Metzger oder „Kunde" (leeres Papierchen). Die „Wurst" wird in die Mitte einer eingegrenzten, etwa fünf mal fünf Meter großen Spielfläche gelegt. Die Spieler umrunden nun dieses „Objekt der Begierde", gehen kreuz und quer, hin und her. Niemand gibt dabei die eigene Rolle bekannt. Irgendwann schnappt sich jedoch der Hund die Wurst und versucht die abgesteckte Spielfläche (den Laden) zu verlassen. Der Metzger rast hinter ihm her. Die Kunden dürfen in diese Jagd nicht eingreifen, sondern bleiben überrascht stehen. Wird der Hund vom Metzger innerhalb der Spielfläche erwischt, hat der gewonnen, andernfalls der Hund.

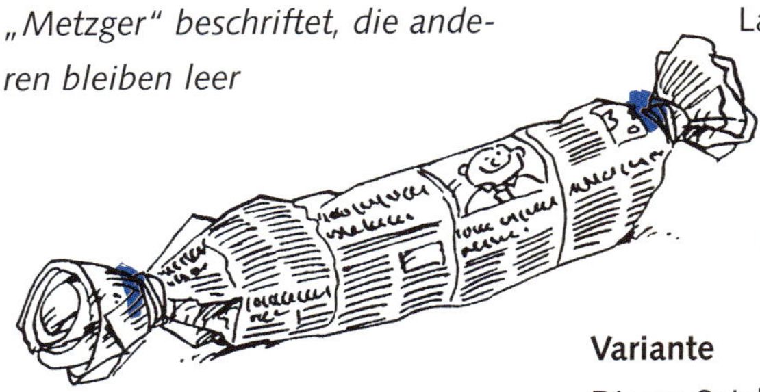

Variante

Dieses Spiel lässt sich problemlos in ein anderes Spiele-Umfeld übertragen, um es einem Themenfest anzupassen (der Metzger wird z. B. zum Ritter, der Hund zum feindlichen Spion, die Kunden zu Knappen und die Wurst könnte ein Geheimdokument sein).

Hallihallo

ab 5 Spieler

Gebraucht werden

Große Spielfläche, ein Ball

Alle Spieler stellen sich in eine Reihe auf. Ein Spieler erhält den Ball, stellt sich der Reihe gegenüber und wirft ihn dem ersten Spieler der Reihe zu. Dabei stellt er eine Frage wie z. B.: „Nenne mir einen Vogel mit S." Dabei sollte man sich vorher einigen, Buchstaben wie C, Q, X oder Y nicht zu verwenden und eventuell auch das Themengebiet zu begrenzen (z. B. auf Tiere). Der Gefragte muss den Ball fangen und gleichzeitig ganz fix die Antwort geben. Dann wirft er den Ball zurück. Der Frager geht zum nächsten Spieler, stellt eine neue Frage usw. Sobald ein Spieler den Ball nicht fängt oder keine Antwort auf die gestellte Frage weiß, schnappt sich der Fragesteller den Ball, wirft ihn so hoch er kann in die Luft und ruft dabei „Hallihallo". Nun dürfen alle Spieler (auch der Fragesteller) davonlaufen, bis der Spieler, der vorher die Frage nicht beantworten konnte oder den Ball fallen ließ, den Ball geschnappt hat und „Stopp" ruft. Sofort bleiben alle Spieler stehen. Der Spieler mit dem Ball darf nun drei Schritte auf einen beliebigen Spieler zugehen. Dieser formt mit seinen Armen einen großen Ring vor der Brust, dort muss jetzt der Ball hindurchgeworfen werden. Gelingt das, darf der Werfer in der folgenden Runde die Fragen stellen, andernfalls übernimmt diese Rolle der „Ringspieler".

Drei Knoten und ein Ganzes

ab
5 Spieler

Zunächst werden zwei Teams gebildet: die Piraten und die Händler. Die Piraten erhalten jeder ein Seilstück und bestimmen ihren Käpt'n. Der bekommt den Ball. Er hat die Aufgabe, die Händler abzuwerfen. Jeder Pirat muss in der Zwischenzeit drei Knoten in das erhaltene Seilstück knoten. Wenn jeder damit fertig ist, werden alle kurzen Seilstücke zu einem langen Seil verknüpft. Kommt während dieser Aktion ein Händler an den Ball, kann er versuchen, den Käpt'n zu treffen. Ein Händler darf jedoch den Ball nicht festhalten, sondern muss immer sofort von der augenblicklichen Position aus auf den Käpt'n werfen. Händler dürfen sich also nicht gegenseitig den Ball zuwerfen, um so eine bessere Wurfgelegenheit zu bekommen. Jeder Händler versucht aber stets, den Ball für sich zu ergattern und so zu einer Wurfmöglichkeit zu gelangen.
Wird der Käpt'n getroffen, bevor seine Piraten die Knotenaufgabe erledigt haben, sind die Händler Sieger und werden in der nächsten Spielrunde zu „Piraten". Sie bestimmen einen Käpt'n aus ihrer Runde.
Schaffen es die Piraten, ein langes Seil zusammenzuknüpfen, bevor die Händler den Käpt'n treffen, sind sie die Sieger des Spieles. Die Seilstücke werden wieder entknotet, ein neuer Käpt'n bestimmt und die nächste Runde gestartet.

Variante
Statt Knoten zu knüpfen kann es auch darum gehen, eine Milchflasche mit Sand zu füllen, Holzstückchen zu einer Pyramide aufeinander zu stapeln, einen Steinturm zu bauen oder Ähnliches.

Gebraucht werden
Mehrere Kordel- oder Seilstücke (z. B. von einem zerschnittenen alten Bergsteigerseil), ein Softball

Tipp
Ein spannendes Spiel, das Teamgeist, Koordinationsfähigkeit und Schnelligkeit erfordert.

Dschungelkrach

Gebraucht werden

10 x 5 m große Spielfläche (bei höherer Spieleranzahl noch größer), drei lange Schnüre zur Markierung

Tipp

Kein Spiel für ruhige Sonntagnachmittage, denn: je mehr Krach, desto mehr Spaß!

Das Spielfeld ist mit einer Mittellinie in zwei Hälften unterteilt. Die hintere Linie jeder Spielfeldhälfte markiert die jeweilige „Höhle" der beiden Gruppen. Ein Spieler übernimmt die Aufgabe des „Dschungelkönigs". Die anderen teilen sich gleichmäßig in zwei Gruppen auf. Jede Gruppe überlegt für sich geheim, wie sie die anderen aus ihrem Dschungelgebiet „vertreiben" will.

Dabei gibt es drei Möglichkeiten:

Schlange
Biegt und windet sich einmal um die eigene Achse und zischt ganz laut.

Elefant
Stampft nacheinander mit beiden Beinen auf den Boden und trompetet laut aus seinem Rüssel.

Pfefferbeißer
Flattert mit den Flügeln, klappert mit dem Schnabel und niest einmal kräftig.

Ähnlich wie bei „Stein, Schere, Papier" kann jede der Tierarten einerseits eine Auseinandersetzung gewinnen, aber in einer bestimmten Kombination auch verlieren.
So sind die Kräfte im Urwald verteilt: Schlange würgt Pfefferbeißer – Elefant tritt auf Schlange – Pfefferbeißer fliegt auf Elefant.
Sobald jede Gruppe ausgemacht hat, welcher Tierart sie angehört, ruft der „Dschungelkönig": „Ich bin Dschungelkönig – wer seid ihr?" Beide Gruppen drehen sich an der Mittellinie blitzschnell zueinander und stellen gemeinsam jeweils ihre Tierart dar. Die schwächere Tierart muss nun augenblicklich Richtung heimatlicher Höhle flüchten, die stärkere Tierart versucht sie davor noch zu erwischen. Wer geschnappt wird, wird Mitglied der anderen Gruppe. Beide Gruppen begeben sich wieder zur Mittellinie, vereinbaren jede für sich, was sie sein wollen und warten auf den Startspruch des „Dschungelkönigs". Haben beide Teams das gleiche Tier gewählt, geschieht nichts. Sie drehen sich um und vereinbaren ein neues. Das Spiel wird so lange gespielt, bis bei einer Gruppe nur noch ein Spieler übrig ist.

Bei Regen, Eis und Schnee

Nur weil's regnet oder schneit, müssen nicht alle zu Hause bleiben. Hier kommen Spielideen, die trotz schlechter Witterung nach draußen locken. Und immer dran denken: Es gibt kein schlechtes Wetter, nur falsche Kleidung!

ab 4 Spieler

Gebraucht werden

Starker Regen oder tiefe Regenpfützen, zwei gleich große Schüsseln, evtl. Löffel oder Schöpflöffel

Wasser fangen

Zwei Gruppen schnappen sich je eine Schüssel. Aufgabe ist es, nach dem Startsignal innerhalb von zwei Minuten das meiste Wasser in ihre Gefäße zu bekommen. Dabei dürfen jedoch nur die Hände als Hilfsmittel verwendet werden.

Variante

Ist es sehr kalt draußen, können statt der Hände auch Löffel oder Schöpflöffel verwendet werden.

ab 1 Spieler

Gebraucht werden

Leeres Marmeladenglas, Klebeband, Teelicht, Streichhölzer, Regen

Licht-aus-Regen

Das Teelicht wird mit etwas Klebeband auf den Boden eines Marmeladenglases geklebt, so dass es nicht verrutschen kann.
Die Kerze wird angezündet. Nun sollen Regentropfen so aufgefangen werden, dass diese die Kerze auslöschen.
Die Kunst ist es, das Licht nicht durch den Bewegungsluftzug, sondern tatsächlich durch das Regenwasser auszubekommen.

Wassersturm

ab 4 Spieler

Wenn es zu regnen aufgehört hat, sucht sich jeder Spieler eine Pfütze und legt mit etwas Abstand um diese herum mehrere Zeitungsbogen. Sie sollten auf möglichst trockenem Untergrund liegen. Auf ein Zeichen springen alle Spieler so in die Pfützen, dass möglichst viel Wasser auf das Papier schwappt. Wer zuerst seinen Zeitungsbogen komplett eingeweicht hat, ist der beste Pfützenspringer.

Gebraucht werden

Mehrere Regenpfützen mit etwa 1 m Durchmesser, alte Zeitungen, regen- und wasserdichte, unempfindliche Kleidung

Tipp

Regen muss nicht gleichbedeutend mit Langeweile sein. Auf dieser Doppelseite finden Sie Ideen für feuchten Spielspaß.

Treffpunkt Brücke

ab 2 Spieler

Über eine Pfütze wird mit den zwei Ziegelsteinen als Pfeiler und dem Brett eine Brücke gelegt. Zwei Spieler betreten jeweils von einer Seite die schmale Brücke. Sie sollen an das andere Ende des Brettes gelangen, ohne sich gegenseitig herunterzustoßen. Auch ist es nicht erlaubt, das Wasser zu berühren, also sich beispielsweise mit einem Fuß abzustützen.

Gebraucht werden

Regenpfütze, zwei Ziegelsteine, schmales, aber stabiles Brett

Variante

Es können auch zwei Gruppen aneinander vorbeibalancieren.

Schlauch rutscht auch

ab 2 Spieler

Gebraucht werden

Einige alte aufgepumpte Auto- oder Lastwagenschläuche und ein fest beschneiter, abschüssiger Hügel, Stöcke zum Abstecken der Strecke

Achtung: Keine zu steile Strecke wählen!

Alte, stramm aufgepumpte Auto- und Lastwagenschläuche eignen sich hervorragend, um damit die Schlitten- und Rodelhänge hinunterzusausen. Spannend wird es, wenn eine Hindernisstrecke abgesteckt wird, die von den Schlauchrutschern zu durchfahren ist. Die Schläuche besorgt man am besten bei einer Tankstelle, einem Auto-Friedhof oder einem Reifenhändler.

Variante

Ein Schlauchrutscher wird von anderen ganz fest angeschubst und soll versuchen, ohne Hilfe und weiteres Anstoßen in ein vorgegebenes Ziel (Kreis) hineinzurutschen.

Kopf oder Zahl - egal

ab 4 Spieler

Gebraucht werden

Eine mindestens 10 cm dick beschneite Fläche und mehrere Münzen

Der Spielleiter wirft vor den Augen der Mitspieler mehrere Münzen hinter sich in den Schnee (abgestecktes Gebiet). Sie sinken sofort in den weichen Schnee und sind dann verschwunden. Die anderen sollen sie möglichst schnell finden. Wer entdeckt die meisten Münzen?

Ab zur Mitte

ab 4 Spieler

Auf einer größeren Eisfläche wird ein großer Kreis eingekratzt (etwa fünf Meter Durchmesser). In der Mitte liegt das rote Tuch. Alle setzen sich an den Rand des Kreises auf ihre Pappe. Ein Startsignal ertönt und alle rutschen ganz fix zur Mitte. Sieger ist, wer das Tuch hochhält.

Gebraucht werden

Vereiste Spielfläche, für jeden Spieler dicke Handschuhe und ein Stück Pappe als „Sitzkissen", rotes Taschentuch

Schneeballschlacht rückwärts

ab 4 Spieler

Gebraucht wird

Gut haftender „Schneeball-schnee"

Alle formen sich viele Schneebälle als Vorrat. In zwei Gruppen stellen sich die Spieler mit einigem Abstand gegenüber auf und drehen sich dann mit dem Rücken zueinander. Welche Gruppe hat rückwärts die bessere „Trefferquote"?

Variante

Ein Ziel wird festgelegt (Kreis in den Schnee treten oder an eine Hauswand „malen"), in das die Schneebälle geworfen werden müssen.

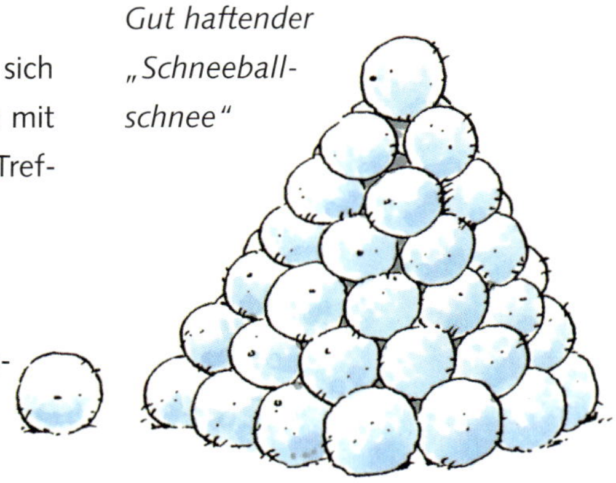

Husky

ab 3 Spieler

Ein Spieler sitzt auf einer alten Decke oder einer stabilen Kunststoffplane. Zwei oder drei andere ziehen diesen „Inuit" (das ist die Selbstbezeichnung der „Eskimos") durch den Schnee. Nach einer Weile wird gewechselt und jemand anderes wird zum Schlittenhund („Husky").

Gebraucht werden

Schneebedeckte Fläche und eine alte Decke oder Kunststoffplane

Kullerstadt

ab 2 Spieler

Gebraucht werden

Gut formbarer Schnee, Tischtennisbälle

Ein kleines Städtchen mit vielen Häusern, Türmchen, Stadtmauer, Hügeln, Gassen und Brücken wird gemeinsam gebaut. Alle entstandenen Bauwerke werden durch schmale Wege und Sträßchen miteinander verbunden. Auf diesen Straßen soll jetzt ein Tischtennisball entlanggepustet werden. Wer schafft die vereinbarte Strecke fehlerfrei, also ohne dass der Ball herunterfällt?

13 Stufen und mehr

ab 4 Spieler

Gebraucht werden

Gut formbarer Schnee und etwa sechs bis 20 Teelichter

In großer Entfernung voneinander bauen zwei Gruppen eine Schneeburg mit Treppchen und Türmen. Dann werden mindestens drei Teelichter (weitere nach Belieben) so platziert, dass es möglichst verwirrend wirkt und man nur schwer erkennen kann, wie viele Stufen (Stockwerke, Fenster) das Bauwerk hat. Aufgabe für die Gruppen ist es, aus der Entfernung möglichst exakt die Anzahl von Treppen und Türmen zu erraten.

Seltsame Spuren

ab 4 Spieler

Gebraucht werden

Eine schneebedeckte Fläche, verschiedene Alltagsgegenstände

Jeder sucht sich Gegenstände aus Küche oder Werkstatt, die verrückte Spuren im Schnee hinterlassen. Dann zieht einer mit den eigenen „Spur-Geräten" los und hinterlässt Spuren. Dabei soll es eine durchgängige „richtige" Spur und zahlreiche in die Irre führende Spuren geben. Nach zehn Minuten versteckt der „Spurenleger" die „Spur-Geräte" und wartet auf die Verfolger. Die laufen nun los und sollen die „Spur-Geräte" finden. Wer sie zuerst entdeckt, wird nächster Spurenleger.

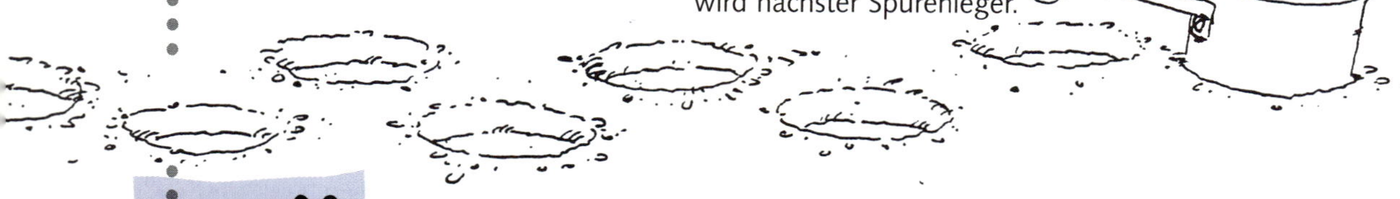

Schnee in Form

ab 3 Spieler

Jeder Spieler besorgt sich geheim einen bestimmten Gegenstand, z. B. einen alten Schuh, eine Krawatte, eine Zahnbürste, einen Schuhlöffel, eine alte Bratpfanne. Damit niemand der anderen Spieler sieht, was man gefunden hat, versteckt jeder Spieler seinen Gegenstand in einer Papiertüte. Dann verteilen sich alle auf der Spielfläche, legen ihr Objekt in den Schnee und umkleiden es möglichst so mit der weißen „Masse", dass die Form des Gegenstandes noch erkennbar bleibt. Sind alle fertig, besuchen sie sich gegenseitig an ihren Spielorten und raten, was jeweils unter der weißen Schicht verborgen wurde.

Gebraucht werden

Gut formbarer Schnee, verschiedene Gegenstände des Alltags, eine große Papiertüte für jeden Spieler

Verrücktes Eis

ab 3 Spieler

Verrückte kleine Gegenstände werden in größere Schalen, Becher, Boxen, Deckel, Teller usw. gelegt. In die Gefäße mit den Gegenständen wird Wasser eingefüllt und das Ganze über Nacht stehen gelassen. Bis zum nächsten Tag ist das „verrückte Eis" entstanden. Die Gegenstände werden aus dem Eis herausgeklopft und in eine Reihe gelegt. Die Formen kommen etwa fünf Meter entfernt ebenfalls in eine Reihe. Ein Spieler deutet auf ein bestimmtes Eisstück und wer am schnellsten die passende Form herbeiholt, behält sie als Gewinnpunkt. Er deutet auf ein weiteres Eisstück und erneut rasen alle los, um das passende Gegenstück zu finden. Wer schließlich die meisten Formen besitzt, ist Sieger dieser kalten Gaudi.

Gebraucht werden

Merkwürdige kleinere Gegenstände vom Schrotthändler (Spiralen, Federn, Muttern, Scheiben, Platten usw.), Schalen, Gefäße, Dosen, Deckel, Teller und dergleichen; außerdem sehr niedrige Außentemperaturen oder eine große Gefriertruhe

Alles weiß

ab 4 Spieler

Gebraucht werden

Größere schneebedeckte Spielfläche mit einigen Büschen, Steinen, Erhebungen und Vertiefungen sowie viele weiße Gegenstände (Papierbogen, alte Blumenvase, Kunstperlenkette, Tischtennisball, alter Turnschuh, Kreide, Schuhkarton ...)

Tipp

Eine große weiße Fläche weist nur geringe Kontraste auf. Das trübt die Wahrnehmung. Der Reiz dieses Spieles liegt darin, dieses beim Verstecken der Gegenstände geschickt auszunutzen. Gleichzeitig ist es für alle Suchenden eine gute Sehschulung.

Bis auf einen halten sich alle Spieler außer Sichtweite des Spielfeldes entfernt auf. Einer oder – wenn genug mitspielen – auch ein kleines Grüppchen versteckt im vereinbarten Spielgebiet die weißen Gegenstände. Falsche Spuren legen ist Pflicht, denn sonst werden die Gegenstände zu schnell entdeckt. Die Sucher bekommen fünf Minuten Zeit, alles zu finden. Schaffen sie es innerhalb der Zeit, alle Teile zu entdecken? Wer die meisten Teile gefunden hat, darf in der nächsten Runde Gegenstände verstecken und die anderen suchen lassen.

Schneeballfall

ab 6 Spieler

Gebraucht werden

Schneebedeckte Fläche, zwei Holzpflöcke (ca. 1 m) und gut formbarer „Schneeballschnee"

Zwei Gruppen stellen sich getrennt etwa fünf Meter von ihrem Pflock entfernt auf. Auf ein Signal hin rennt von jeder Gruppe einer los, formt einen Schneeball und legt diesen auf den Pflock. Schnell rennt er zurück. Ein weiterer Spieler dieser Gruppe formt einen Schneeball und versucht, den auf dem Pflock liegenden herunterzuschießen. Gelingt das, legt er den nächsten oben drauf und ein neuer Spieler kommt an die Reihe. Misslingt jedoch der Wurf, muss sofort der nächste Spieler einen Versuch unternehmen. Alle, die getroffen haben, stellen sich etwas abseits auf. Sobald jeder einer Gruppe einmal getroffen hat, endet das Spiel.

Im Dunkeln

Im Dunkeln zu spielen – sowohl im Haus als auch draußen – kann besonders aufregend sein. Zusätzlich zu der spannenden Atmosphäre, die durch die Dunkelheit geschaffen wird, fördern die folgenden Spiele Wahrnehmungsfähigkeit und gegenseitige Rücksichtnahme.

ab
3 Spieler

Gebraucht werden

Ausreichend Zeichenpapier und Wachsmalstifte

Nachtmalerei

Alle Mitspielenden verteilen sich im Raum und legen Zeichenpapier und Wachsmalstift vor sich. Dann wird der Raum abgedunkelt. Der Spielleiter nennt jetzt einen Begriff, der von allen aufgemalt werden soll. Nach einer Minute heißt es „Stift weglegen", das Licht geht an und alle zeigen ihre Zeichenergebnisse vor. Wer das treffendste (oder das lustigste) Bild gemalt hat, darf sich den nächsten Begriff ausdenken.

ab
3 Spieler

Gebraucht werden

Für jeden eine Taschenlampe mit eng eingestelltem Lichtkegel

Angestrahlt

Der Startspieler bekommt eine Münze, die Mitspieler verteilen sich im abgedunkelten Raum. Wenn es ruhig geworden ist, wird die Münze geworfen und alle lauschen, wohin sie fällt. Wer zuerst mit dem Lichtkegel der Taschenlampe die Münze anstrahlt, wird nächster Werfer.

ab
3 Spieler

Gebraucht werden

Je Spieler ein oder zwei postkartengroße Zeichenkartonstücke, Stift, Stecknadel und Taschenlampe

Lichtmuster

Als Erstes überlegt sich jeder Spieler ein interessantes Muster und malt dieses dann mit dem Stift auf sein Kartonstück. Entlang dieser Zeichnung werden nun mit der Nadel in gleich bleibenden Abständen Löcher durch die Pappe gestochen. Wenn das Licht ausgemacht ist oder richtige Dunkelheit herrscht, leuchtet jeder sein Muster mit der Taschenlampe an und lässt die Lichtpunkte an der Wand oder Decke entlangwandern.

Lichtkegeln

In einem abgedunkelten Raum suchen sich alle Mitspielenden einen Platz. Einer bekommt die Taschenlampe, deren Lichtkegel sehr schmal eingestellt sein sollte. Ein knappes Detail einer Person wird nun kurz angeleuchtet. Den Kopfbereich dabei möglichst meiden, damit es nicht zu einfach wird. Wer zuerst errät, von welcher Person das Detail stammt, bekommt die Taschenlampe und darf den nächsten Lichtkegel „aussenden". Nach jeder Runde wechseln alle den Platz.

Gebraucht wird
Taschenlampe

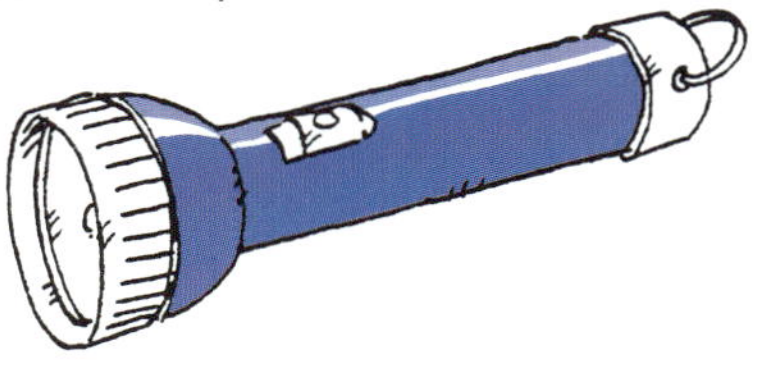

Diamantensammler

In einem dunklen Raum oder an einem dunklen Spielort verteilt ein Spieler heimlich selbst leuchtende Klebepunkte, die „Diamanten". Dann bilden sich zwei Gruppen, die jeweils einen „Diamantensammler" bestimmen. Die stehen anfangs am Spielfeldrand, während die anderen der Gruppe Diamanten suchen. Wer einen der wertvollen Edelsteine entdeckt, darf ihn jedoch nicht selbst aufsammeln. Er muss stattdessen sofort den „Diamantensammler" der eigenen Gruppe zu sich rufen. Nur ein „Diamantensammler" darf die Klunkerchen aufheben, sogar die der anderen Gruppe, wenn er schneller bei dem Stein ankommt, als der dorthin gerufene gegnerische „Diamantensammler".

Gebraucht werden
20 auf Pappstreifen aufgeklebte selbst leuchtende Klebepunkte

Tipp
Auch wenn es den meisten in den Fingern jucken wird: Zurückhaltung und Geduld sind spielbestimmend.

ab
3 Spieler

Spur im Dunkeln

Gebraucht werden

Ein dicker Stock und eine Taschenlampe

Mit einem dicken Stock oder dem Schuhabsatz wird eine geschlängelte „Spur" in den Boden gekratzt. Einer bekommt die Taschenlampe und leuchtet nun diese Spur exakt nach, ohne sie dabei auffällig zu verlieren. Die anderen passen genau auf und schreien sofort, wenn das Licht „die Spur verlässt". Wer schafft es mit den wenigsten Fehlern?

Variante

Zur Aufgabe „Genauigkeit" kann auch noch die Geschwindigkeit als Siegbedingung gelten. Es wird also auch darauf geachtet, wer am schnellsten mit den wenigsten Fehlern war.

ab
5 Spieler

Lichterstrecke

Gebraucht werden

Ein größeres Gebiet mit verwinkelten Wegen, Teelichter in leeren Marmeladengläsern, Streichhölzer, Windstille

Tipp

Besonders reizvoll an einem verschneiten Winterabend.

Ein Grüppchen zieht in einem vorher vereinbarten Gebiet los und stellt in größeren Abständen immer wieder mal ein kleines Teelicht auf. An einem markanten Ort werden gleich mehrere Kerzen platziert. Im Umkreis von etwa 20 Metern verstecken sich die „Lichtspurleger". Nach etwa zehn Minuten folgen die anderen und laufen die Lichterstrecke entlang. Dort, wo mehrere Lichter aufgestellt sind, haben sich die „Lichtspurenleger" versteckt und wollen gesucht werden. Werden sie entdeckt? Danach wechseln die Gruppen.

Für alle Sinne

Diese Spiele regen an, die unterschiedlichen Sinne bewusst zu entdecken und zu erleben. Dabei werden nicht nur die bekannten fünf Sinne angesprochen: Neben Hören, Fühlen, Riechen, Schmecken und Sehen gibt es Spiele zum Gleichgewichts-, Raum-, Kraft- und Zeitempfinden oder zum Bewegungs- und Tiefensinn.

Einstimmung

Tipp

Zur Einstimmung auf die einzelnen Sinneswahrnehmungsspiele können zunächst kurze Wahrnehmungsübungen gemacht werden, entweder direkt bevor andere, weitergehende Spiele zu den einzelnen, ausgewählten Sinnen gemacht werden oder als Einführung und Übersicht zu Sinnesspielen allgemein.

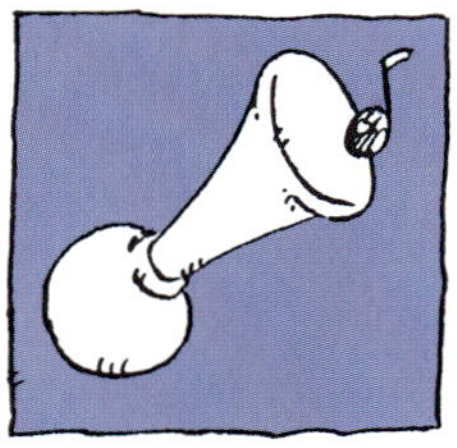

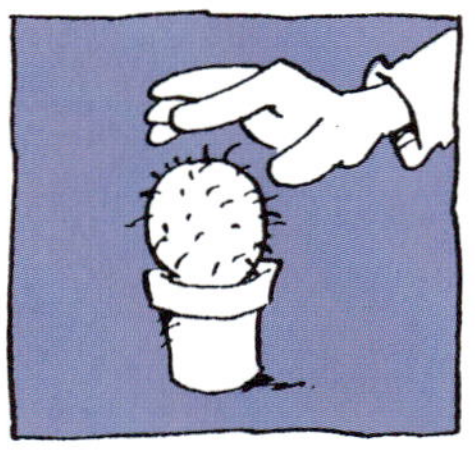

Hören

Am Spielort erzeugen alle der Reihe nach unterschiedliche Geräusche mit den vorhandenen Gegenständen und Möglichkeiten (auf Tisch klopfen oder klatschen, Reißverschluss auf- und zumachen, am Kopf kratzen, mit dem Gebiss klappern).

Riechen

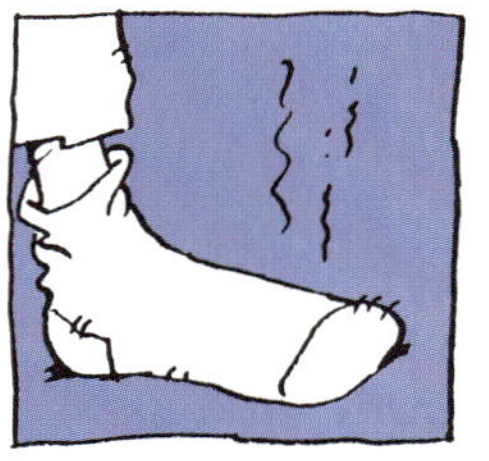

Verschiedene Düfte und Gerüche der Spielumgebung werden bewusst wahrgenommen (Kleidung, Sonnenmilch, Haarspray, Küchenkräuter, Schuhcreme).

Fühlen

Unterschiedliche Oberflächen können betastet werden (Tischtuch, Jackenärmel, Blumentopf, Geldstück).

Schmecken

Wenn gerade etwas zu naschen in der Nähe ist (Schokolade, Eis, Obst, Saft) ist das eine gute Hinführung zu Spielen, die dann mit – selbstverständlich möglichst anderen – Nahrungsmitteln durchgeführt werden.

Sehen

Alle schauen sich in ihrer Spielumgebung gut um und schildern, was sie Interessantes entdeckt haben (abgeknicktes Blatt einer Pflanze im Blumentopf, Anzahl der Birnen in der Schale auf dem Tisch, Sprung in der Schüssel, Wasserfleck am Fensterbrett).

Balance

Ein kleinerer Gegenstand wird nur mit der Zeigefingerspitze reihum weitergegeben und ist ein ganz praktischer Hinweis auf Spiele mit dem Gleichgewicht.

Empfindung von Höhe und Tiefe

Ein Spieler lässt direkt vor einem anderen eine Postkarte aus seiner Hand senkrecht nach unten fallen, während dieser versucht, mit Zeigefinger und Daumen einer Hand dieses Papierstück vor dem Auftreffen am Boden zu greifen.

Hören

Das äußere Ohr fängt wie ein Trichter Schall auf und leitet ihn über den Gehörgang an das Trommelfell weiter. Dort werden die Schwingungen der Schallwellen über die Gehörknöchelchen an das zentrale Hörorgan und die entsprechenden Sinneszellen weitergeleitet.

Tipp

Unser Gehör ist stark überreizt. Überall piepsen Uhren und elektronische Geräte, Hintergrundmusik klingt aus Telefonen, Kaufhauslautsprechern und tragbaren Abspielgeräten. Hörprobleme bei Menschen jeden Alters haben zugenommen und oft wird Stille als unerträglich empfunden. Da tut es gut, einmal bewusst das Gehör einzusetzen und leisen, aber auch gewohnten alltäglichen Tönen und Klängen neue Aufmerksamkeit zu verleihen.

Durch die Dose gesprochen

ab 2 Spieler

Das Ende einer langen Paketschnur wird von außen durch das Loch im Dosenboden geführt und innen so verknotet, dass es nicht mehr herausrutschen kann. Das andere Schnurende wird in gleicher Weise an der anderen Büchse befestigt. Fertig ist das Dosentelefon. Zwei Spieler nehmen je eine der verbundenen Dosen und stellen sich so weit voneinander entfernt auf, dass die Schnur gespannt ist.

Nun hält einer der beiden seine Büchse dicht vor den Mund und spricht in normaler Lautstärke einen Satz. Der Spieler am anderen Ende hält das Dosentelefon dicht an sein Ohr und versucht herauszuhören, was ihm mitgeteilt wurde. Schon kommt die Antwort. So entwickelt sich ein verständliches Gespräch nur über die Schwingungsleitung des Dosentelefons.

Gebraucht werden

Zwei deckellose Konservendosen mit einem kleinen Loch im Boden (Schnittkanten mit Zange umbiegen und dann Klebeband über die Schnittkanten kleben, mit einem Hammer und einem Nagel ein Loch in die Bodenmitte stechen), etwa 5 m lange Paketschnur

ab 4 Spieler

Gebraucht wird

Eine große Blechbüchse oder -schüssel

Blechstimme

Jetzt wird's geheimnisvoll. Ein Spieler schließt die Augen. Die anderen verändern ganz still ihre Position und einer von ihnen hält sich eine Blechbüchse (oder auch Schüssel) vor den Mund. Nun spricht er mit verstellter Stimme etwas Geheimnisvolles in die Büchse, z. B. „Weh dir, du Nichtsahnender. Nur, wenn du herausfindest, wer hier spricht, wirst du wieder sehen können." Der „blinde" Spieler soll benennen, wer gesprochen hat. Stimmt es, darf er die Augen öffnen und jemand anderes schließt die Augen für die nächste Runde. Andernfalls muss er nochmals versuchen herauszuhören, wer gerade spricht.

ab 3 Spieler

Gebraucht werden

Trinkbecher, Trinkwasser, kleine Zettel, Schüssel, Stift

Tipp

Dieses Spiel eignet sich gut für eine Spielrunde bei einem (nicht zu ernsten) Familienfest oder Kindergeburtstag.

Gurgel-Hit

Die Spieler notieren auf kleine Zettelchen die Titel bekannter Melodien, z. B.: Der Mond ist aufgegangen, Alle meine Entchen, Hänschen klein ging allein, Drei Chinesen mit dem Kontrabass, Oh du Fröhliche, 99 Luftballons, Marmor Stein und Eisen bricht, Lobet den Herren.
Alle Zettel werden nun in eine Schüssel gegeben und gemischt. Ein Spieler wird der erste „Gurgler" und zieht ohne Hinzusehen einen der Zettel. Geheim liest er den Titel der Melodie und versucht dann, dieses Lied den anderen vorzugurgeln. Wer es zuerst errät, zieht als Nächster.

Finde dein Geräusch

ab 6 Spieler

Gebraucht wird

Möglichst große Spielfläche

Es bilden sich Paare. Einer der beiden erdenkt sich ein Geräusch und macht dieses dem Spielpartner vor. Der schließt daraufhin die Augen, während der zweite Spieler sich an einen möglichst weit entfernten Ort lautlos davonschleicht. Nach dem Startzeichen erzeugen nun die „Geräuschemacher" aller Paare gleichzeitig ihren jeweiligen Laut. Die „Blinden" versuchen ihr Geräusch herauszuhören und ihren Partner zu erreichen. Danach wechseln die Aufgabenrollen.

Tortenjagd

ab 6 Spieler

Gebraucht werden

Größere Spielfläche; für die Variante eine Wäscheklammer

Die Spieler bilden ein großes Rechteck: die Backstube. Ein Spieler wird zum Konditor, ein anderer zum Lehrling auserkoren. In der Backstube ist das Licht schon ausgeschaltet und es ist „stockdunkel". Daher können sich der Konditor mit seiner eben fertig gestellten Hochzeitstorte und der naschsüchtige Lehrling nicht sehen. Sie schließen die Augen. Beide sind stets in Bewegung und dürfen nicht stehen bleiben. Der Konditor will die Backstube verlassen und die große Torte in die Kühlkammer stellen. Der tortengierige Lehrling möchte aber wenigstens einmal von der Torte kosten und versucht, den Konditor zu erwischen. Beide bewegen sich möglichst lautlos, um den anderen zu hören und im entscheidenden Augenblick reagieren zu können. Kommen die beiden zu nahe an die Backstubenwand, werden sie sanft von den „Backsteinen" (Mitspieler) wieder zurückgestoßen oder leicht in eine andere Richtung gedreht. Sobald sich die zwei berühren, hat der Lehrling den Konditor samt Torte erwischt und das Spiel ist zu Ende. Jetzt können sich zwei andere Spieler im lautlosen Bewegen versuchen.

Variante

Der Lehrling kann auch mit einer Wäscheklammer ausgestattet werden („Tortenzange"), die er geräuschvoll in Intervallen auf und zu zwickt.

Tipp

Dieses Spielprinzip lässt sich prima für Themenfeste einsetzen. Statt Konditor und Lehrling könnten sich zum Beispiel Cowboy und Indianer, Gespenst und Geisterjäger oder Detektiv und Gauner umschleichen.

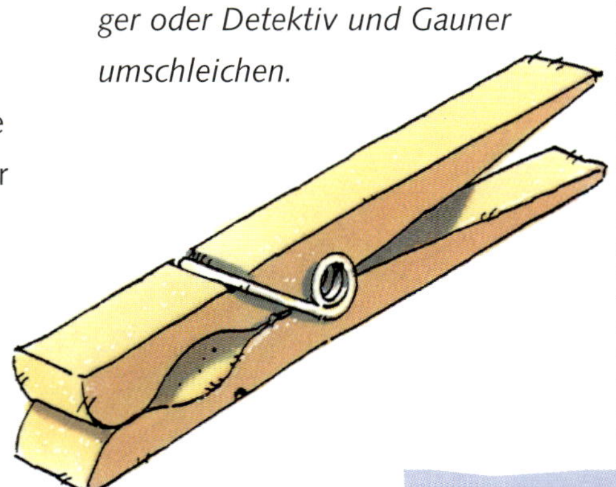

Fühlen

Tipp

Der Tastsinn ist eine große Energie- und Informationsquelle und die vorgeschlagenen Spiele sorgen für intensive und (wieder) neu zu entdeckende Erfahrungen. Interessant ist es zu beobachten, wie sich Empfindungen verändern, wenn man mit geschlossenen Augen etwas ertastet und später zu Gesicht bekommt, um welches Material es sich handelt. So fühlt sich weicher Matsch zwar angenehm an, aber sobald man ihn sieht, entsteht vielleicht eine gewisse Abscheu.

Unser größtes Tastorgan ist die Haut, die unter ihrer Oberfläche eine Vielzahl von Wahrnehmungssensoren besitzt. Über diese sensiblen Nervenzellen werden Berührungen an das Gehirn weitergeleitet. Diese „Kommunikationsform" ist die allererste in der Entwicklung eines Menschen. In den Fingerspitzen, den Lippen und der Zungenspitze befinden sich die meisten „Sensoren", um Reize, die der Organismus in elektrische Signale umwandelt, am besten dem Gehirn und Zentralnervensystem zuzuleiten. Neben den Händen besitzen insbesondere die Füße herausragende Wahrnehmungsfähigkeiten.

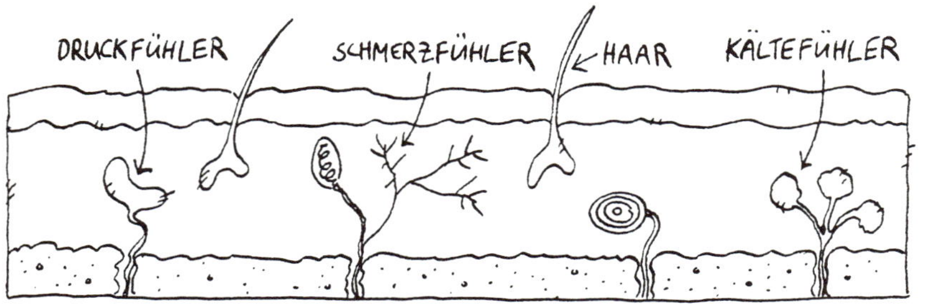

Zehenschüsseln

Gebraucht werden

Verschiedene kleinere Gegenstände (Flaschenöffner, Würfel, Bleistift, Knopf, Tischtennisball, Schlüssel, Plüschtier, Tuch, Bindfaden), eine Schüssel

Auf dem Boden werden mehrere Gegenstände mit je einem halben Meter Abstand verteilt. Ein Spieler startet barfuß (!) und versucht die Gegenstände nur mit den Füßen in die Schüssel einzusammeln. Man kann die Zeit stoppen und einen kleinen Wettbewerb daraus machen. Es gewinnt dann der schnellste „Fußfertige".

Passend tasten

ab 2 Spieler

Unter ein großes Tuch werden zahlreiche Gegenstände wild durcheinander gelegt. Ein Spieler beginnt und sucht tastend, ohne hinzusehen, ein Gegenstandspaar oder zwei zusammengehörige Dinge. Sobald er glaubt, so ein Paar zu haben, zieht er es unter dem Tuch hervor. Passen die Teile zusammen, darf er eines davon behalten und das andere wieder an beliebiger Stelle unter das Tuch legen. Gehören die Dinge nicht zusammen, legt er beide wieder verdeckt an unterschiedlichen Stellen unter das Tuch. Ein anderer Spieler kommt an die Reihe. Wer schließlich die meisten Gegenstände in der Hand hat, hat das beste Fingerspitzengefühl bewiesen.

Gebraucht werden

Zahlreiche Gegenstandspaare bzw. zusammengehörige Dinge (z. B. Zitrone und Zitronenpresse, Seife und Seifenschale, Ei und Eierbecher), großes Tuch

Rückenkunst

ab 3 Spieler

Ein Spieler stellt sich hinter einen anderen und malt mit dem Finger ein einfaches Symbol oder Gebilde auf den Rücken. Der vordere Spieler soll erspüren, was gemalt wurde, und dieses Bild dann zu Papier bringen.

Variante

Spielen mehrere Spieler mit, stehen sie (wie bei „Stille Post") in einer Reihe hintereinander und geben das erspürte Gebilde jeweils an den Spieler vor ihnen weiter, malen es also diesem auf den Rücken. Der Allererste der Reihe bringt es zu Papier.

Gebraucht werden

Papierbogen, Wachsmalstifte

Fummelkisten

ab 3 Spieler

Gebraucht werden

Schere, mehrere kleine Schachteln mit Deckel, Stoffreste, Kleber, zahlreiche unterschiedliche und gut zu ertastende Gegenstände, Schreibpapier, Stifte; für die Variante ein großes Tuch

In eine Seitenwand der Schachteln wird je ein Loch geschnitten, sodass man mit einer Hand in das Innere greifen kann. Ein von innen vor das Loch geklebtes Stoffstückchen verhindert den direkten Einblick. In jede Schachtel wird vom Spielleiter vor Beginn des Spieles ein gut zu ertastender Gegenstand gelegt. Wer will, kann die kleinen „Fummelkisten" nummerieren. Die Spieler fassen nacheinander durch die Öffnung in das Innere der Schachteln und versuchen herauszufinden, was zu fühlen ist. Sie behalten ihr Wissen aber für sich. Auf ein Blatt notiert jeder, in welcher Schachtel sich welcher Gegenstand befindet. Die Ergebnisse werden verglichen und wer die meisten Dinge richtig erkannt hat, ist Sieger. Meistens gewinnen aber alle gleichermaßen.

Variante

Es gibt nur eine Kiste mit einer offenen Seite, die von innen verhängt ist. Ein Spieler wählt ohne Hinzusehen einen Gegenstand unter einem Tuch aus und legt diesen verdeckt in die „Fummelkiste". Die anderen Spieler sollen herausfinden, um welchen Gegenstand es sich handelt.

Wedelgang

ab 6 Spieler

Gebraucht wird

Ein Stückchen Pappe oder ein Fächer für jeden Spieler

Ein Spieler schließt die Augen. Alle anderen bilden eine Gasse bzw. stellen sich links und rechts neben den „blinden" Spieler und fächern diesem nun permanent in Gesichtshöhe Luft zu. Der „Blinde" bewegt sich anhand des spürbaren Luftstromes durch die Wohnung oder über die Spielfläche. Richtungsänderungen werden durch stärkeres oder geringeres Wedeln angegeben. Auf diese Weise kann man jemand durch die gesamte Wohnung oder zu beliebigen Orten leiten. Damit bei wenigen Spielern die Gasse nicht zu kurz ist, kann das jeweils letzte Paar sich schnell an die Spitze begeben und so die Laufstrecke verlängern. Ist der Spieler ans Ziel „gewedelt", kommt jemand anderes an die Reihe.

Riechen

Ein Staubfilter und die Schleimhäute zur Feuchtreinigung der Atemluft sind das Erste, was die eingesogene Atemluft in der Nase erwartet. Erst im oberen Teil der Nase befinden sich die Geruchskörperchen. Sie befördern jede Duftwahrnehmung über die Geruchsnerven zum so genannten „Riechhirn".

Gerüche können sehr lange nachwirken und Erlebnisse, die davon begleitet waren (Spaziergang durch ein Lavendelfeld, Besuch einer Bäckerei), tauchen sofort in der Erinnerung auf, wenn der betreffende Duft wieder wahrgenommen wird.

Tipp

Keine unangenehmen Geruchsproben verwenden, um niemandem den Spaß an den sensiblen Spielen zu verderben.

Schnupper-Rondell

ab 2 Spieler

Mehrere Gefäße werden mit deutlich erriechbaren Substanzen oder Gegenständen befüllt. Ein Spieler schließt die Augen und wird an die Gerüche „herangeführt". Seine Aufgabe ist, den Geruch zu erkennen und zu benennen.

Gebraucht werden

Mehrere Filmdöschen oder andere Gefäße, gefüllt mit unterschiedlich riechenden Substanzen oder Gegenständen (z. B. Gewürze, Blüten, Seife etc.)

Variante 1

Von jedem „Geruch" werden zwei Gefäße gefüllt. Ziel ist es, die Paare zusammenzustellen.

Variante 2

Die Gerüche werden schon vor Spielbeginn so ausgewählt, dass deren Anfangsbuchstaben ein bestimmtes Wort ergeben. Die Geruchsgefäße werden dann so gemischt, dass eine neue Reihenfolge der Anfangsbuchstaben entsteht. Der ratende Spieler soll die verschiedenen Gerüche erkennen sowie aus den Anfangsbuchstaben der erkannten Düfte das gesuchte Wort zusammenstellen.
Um das zu erleichtern, notiert der Spielpartner die erkannten Buchstaben.

ab 3 Spieler

Gebraucht werden

Verschiedene Duftöle, Parfüme, wohlriechende Seife oder andere stark riechende Substanzen

Such den Geruch

Ein Spieler verlässt kurz den Raum bzw. entfernt sich vom Spielort. Irgendwo wird nun eine der Duftsubstanzen „versteckt", also aufgeträufelt bzw. nicht sichtbar hinterlegt. Dieses Duftversteck soll nun von dem einzelnen Spieler gefunden werden. Danach darf er den nächsten Duft für einen anderen Spieler verstecken.

Variante

Ein Spielleiter hat vor Beginn des Spieles mehrere Düfte „verteilt" und alle suchen gleichzeitig nach bestimmten vorgegebenen Düften.

ab 2 Spieler

Gebraucht werden

Verschiedene deutlich riechende Gegenstände, Substanzen oder Geruchsquellen, entsprechende Anzahl Becher (Filmdöschen sind auch gut geeignet), Papiertaschentücher

Geruchsverlauf

Ein Spieler hat vor Spielbeginn einige deutlich riechende Gegenstände, Substanzen oder Geruchsquellen im Zimmer versteckt. Sie sind mit einem hauchdünnen Papiertaschentuch abgedeckt. Die Spieler sollen in einer bestimmten Reihenfolge Gerüche finden. Beispiel: Knoblauch – Zimt – Lavendel – Senf – Kakao – Käse – Vanille.

Meine Strecke

ab
3 Spieler

Ein Spieler wird als Spielleiter ausgesucht. Er zeichnet eine nicht zu komplizierte Wegstrecke auf ein Blatt Papier und markiert dann diese Strecke – von den anderen Spielern unbeobachtet – mit Geruchsstoffen in einer bestimmten Abfolge. Beispielsweise: Geradeaus bis zur Gewürznelke, dann links bis zur Vanilleschote, dort kurz nach rechts bis zur Banane usw.). Ergänzend dazu verteilt er zur allgemeinen Verwirrung einige wenige Duftgefäße auf der Spielfläche (Zitrone, Pfefferminze, Erdbeer-Jogurt, Senf, Leder).
Nun sollen die Schnupperer nach Vorgabe durch den Spielleiter zum Beispiel beim „Nelkenduft" starten, dann weiter zu „Vanille", von dort zur „Banane", weiter vorbei an „Leder" zu „Erdbeer-Jogurt" und über „Schokolade", „Banane" und „Senf" schließlich zurück zur „Gewürznelke".
Es gibt keine Hinweise, wo sich diese Düfte auf der Spielfläche befinden. Jeder sucht selbst die passenden Gerüche und hält deren Standorte geheim. Hat ein Spieler alle Düfte errochen und sich ihre Lage eingeprägt, versucht er auf einem Blatt Papier die errochene Strecke nachzuzeichnen. Am Ende werden sie mit dem tatsächlichen Verlauf der Spielleiter-Strecke verglichen.

Gebraucht werden

Viele kleine Gefäße mit unterschiedlichen Geruchsstoffen (Fruchtstückchen, Gewürze, ätherische Öle, stark riechende Naturgegenstände), Papier, Stifte

Variante

Auf der Spielfläche werden die Düfte so verteilt, dass ein bestimmter Geruch mehrmals vorkommt und ein bestimmtes Muster bildet, z. B. ein Kreuz oder ein Stern. Die Spieler sollen dieses Muster herausfinden.

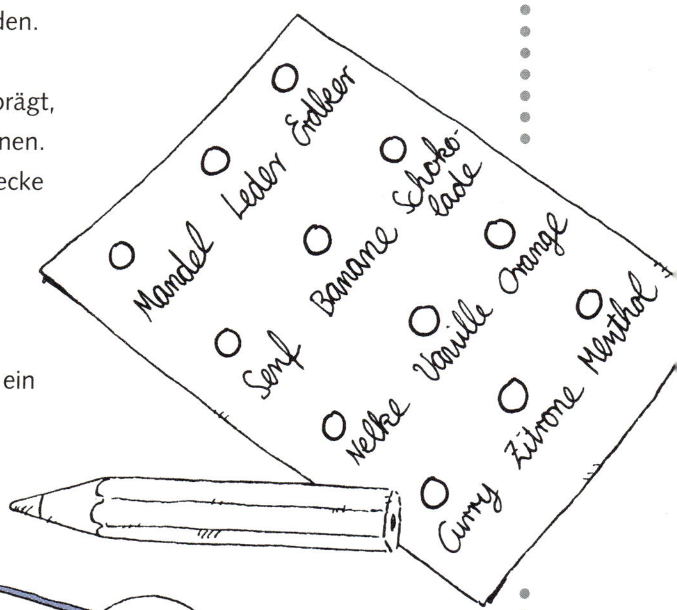

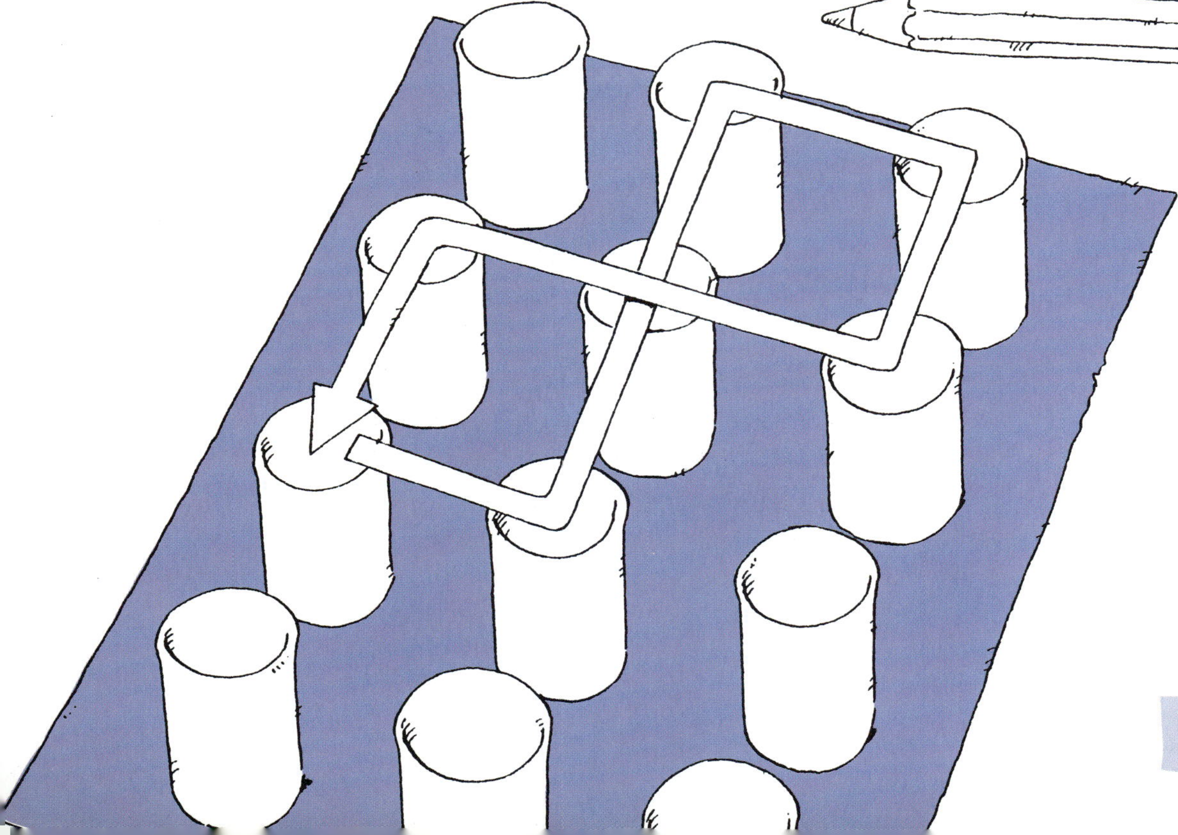

Schmecken

Tipp

Mehr und mehr industriell gefertigte Nahrungsmittel mit Geschmacksverstärkern und künstliche Aromen und immer weniger biologisch reines, unbehandeltes Obst und Gemüse gelangen auf unsere Teller. Das hat auch Auswirkungen auf den Geschmackssinn. Er verkümmert und so können zarte Geschmacksnuancen nicht mehr wahrgenommen werden. Die spielerische Konzentration auf die selektive Wahrnehmung unterschiedlicher Geschmacksrichtungen dient der Förderung dieses großartigen Sinnes.

Die Zunge mit ihren etwa 3000 kleinen Geschmacks-Sinneszellen erkennt an der Spitze das Süße, an der Seite das Saure, am Rand das Salzige und am Zungenende das Bittere. Erst im Zusammenspiel mit dem Riechorgan kommt der eigentliche Geschmack einer Nahrung oder eines Getränkes zur Geltung.
Besonders wichtig bei allen Geschmacksspielen ist, keine unangenehmen „Geschmäcke" anzubieten, da sonst jegliches Vergnügen an derartigen Spielen für immer genommen würde! Eventuell sollten auch bestimmte Unverträglichkeiten abgeklärt werden.

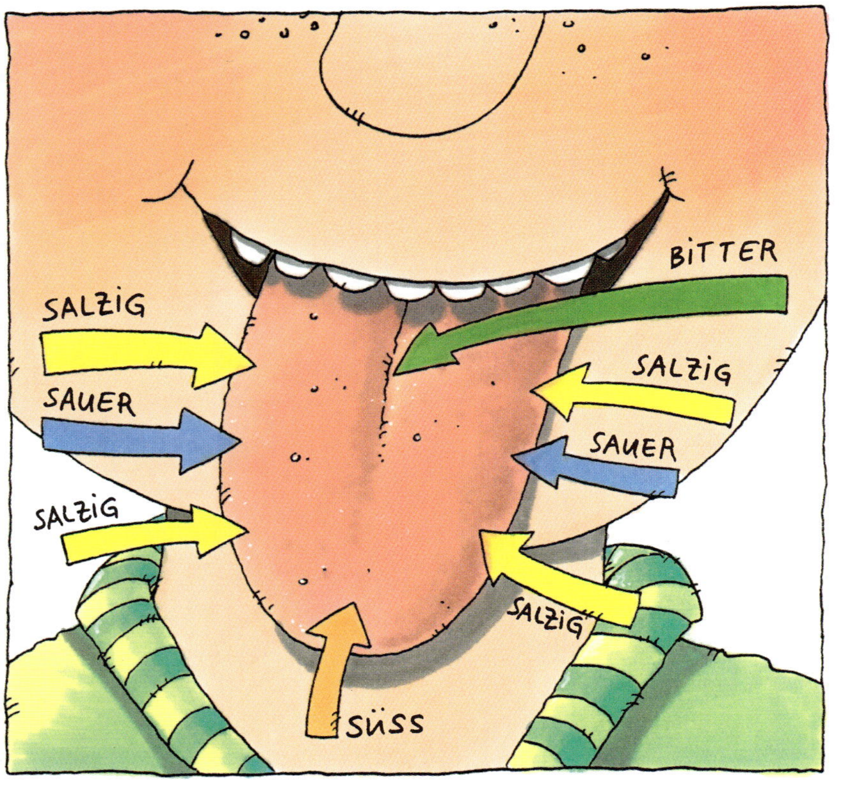

Geschmackspaare

ab 2 Spieler

Gebraucht werden

Nahrungsmittelproben auf kleinen Tellern in jeweils zweierlei Darreichungsformen

Die unterschiedlichen Geschmacksproben werden dem Spieler in beliebiger Reihenfolge zu essen gegeben. Er soll dann aus der Erinnerung die zusammengehörigen Paare benennen.
Gut geeignet sind z. B. Apfel fest und gerieben, Käse am Stück oder als Krümel, Sahne flüssig oder steif geschlagen, Haferflocken trocken oder angeröstet.

Kulinarischer Test

ab 2 Spieler

Gebraucht werden

Ein Tisch, Schüsselchen mit möglichst vielen unterschiedlichen Lebensmittelproben (z. B. Brotsorten, Quark, Jogurt, Marmeladen, Wurst- und Käsestückchen, gekochte Nudeln, rohe und gekochte Gemüse, Pudding, rohe und zerriebene Früchte, Gewürze usw.), Trinkwasser

Mit geschlossenen Augen wird ein Spieler an den Tisch herangeführt. Der Reihe nach werden ihm verschiedene Nahrungsmittel gereicht, die er am Geschmack erraten und das Ergebnis der Spielleitung zuflüstern soll. Hat er alles richtig erraten, darf er als Nächster bei einem anderen Spieler diesen „kulinarischen Test" durchführen.
Zum „Neutralisieren" zwischendurch immer wieder einen Schluck Wasser trinken.

Lecker-Strecke

ab 3 Spieler

Gebraucht werden

Zahlreiche Tellerchen mit kleinen Geschmacksproben (Brot, Schokolade, Fruchtstückchen, Jogurt, Käse usw.), dünner Stock, ggf. Seil, Kreide, Papier

Ein Spieler erdenkt sich eine bestimmte Wegstrecke mit Start- und Zielpunkt, einigen Abzweigungen oder auch mal einer „Sackgasse". Wird im Freien gespielt, ritzt er die Strecke mit einem Stock in den Boden oder malt sie mit Kreide auf. Im Haus kann er den Weg mit einem langen Seil auslegen oder auf andere Art markieren. Dann verteilt er auf der Strecke kleine Lebensmittel-Kostproben nach einem bestimmten Prinzip: Bei einer süßen Leckerei geht es nach links weiter, bei einem herzhaften Geschmack nach rechts. Die Spieler werden der Reihe nach mit geschlossenen Augen diese „Lecker-Strecke" entlanggeführt. Die Entscheidung, ob sie links oder rechts weitergehen, treffen sie nach der „Fütterung". Schaffen sie es bis zum Ziel?

Variante

Es kann ein bestimmtes Muster mit den Speiseproben erstellt werden, das die Spieler herausfinden sollen, z. B. ein Quadrat. Dazu wird bekannt gegeben, dass nur die süßen Geschmäcker das Muster markieren, die herzhaften hingegen zur Verwirrung ausgeteilt wurden.

Sehen

Der so genannte Gesichtssinn erhält über das Auge optische Reize, die auf der Netzhaut von lichtempfindlichen Zellen aufgenommen werden. Sie regeln, dass hell, dunkel und Farben unterschieden, Muster und Formen erkannt werden können. Danach werden die wahrgenommenen Reize im Gehirn interpretiert und darauf reagiert. Etwa 80 Prozent unserer Informationen erfolgt über den Sehsinn.

Tipp

Die Flut visueller Eindrücke ist kaum aufzuhalten. Fernseh-, Video- und Internet-Bilder, Zeitschriften- und Plakatfotos sowie die Vielzahl sich drehender und blinkender Lichtreize allerorten haben das Sehen anstrengender gemacht. Kaum jemand schafft es mehr, das Gesehene zu verarbeiten. Einfache spielerische Konzentration auf Ausschnitte der Umgebung schärfen das optische Auffassungsvermögen.

ab 2 Spieler

Kein Material nötig

Wie hast du dich verändert?

Es werden Paare gebildet. Beide betrachten sich ausgiebig und merken sich alle Details, die sie an ihrem Gegenüber entdecken. Dann dreht sich einer der beiden um, bis der zweite Spieler an sich drei Veränderungen vorgenommen hat. Diese soll nun der andere herausfinden. Wichtig ist, dass es klar erkennbare Veränderungen sind. Sie sollen allerdings so geschickt vorgenommen werden, dass sie nicht sofort von dem ratenden Spieler entdeckt werden. Wurden alle Veränderungen richtig genannt, wechseln die Aufgabenrollen.

Variante

Statt Veränderungen an Personen wahrzunehmen, kann das Ziel auch sein, „vorher/nachher“ in der Umgebung zu erkennen: Zwei Teams prägen sich in ihrem eigenen abwechslungsreichen Spielgebiet (Zimmer, abgegrenztes Wald- oder Gartenstück) möglichst viele Details ein. Wer entdeckt alle acht Veränderungen, die die gegnerische Gruppe jeweils vornimmt?

Quatsch in Bäumen

Im vereinbarten Spielgebiet (das kann der Wanderweg, das Spielzimmer, der Hof, Strand oder die Wiese sein) verteilt ein Spieler vor Beginn des Spieles unbeobachtet zahlreiche umgebungsfremde Gegenstände, die dort nicht hingehören. Die anderen Spieler sollen sie im Verlauf des Spieles für sich (und ohne die anderen Spieler zu informieren) entdecken und unauffällig notieren. Wer am Ende des Spieles den meisten „Quatsch in Bäumen" entdeckte, hat gewonnen. Gemeinsam sammeln alle die Gegenstände wieder ein.

Gebraucht werden

Viele verschiedene für die jeweilige Spielumgebung unpassende Gegenstände (Fahrradklingel, Tannenzapfen, Spiegel, Tageszeitung, Handpuppe, Topfdeckel usw.), Notizzettel, Stifte

Wo ist mein Baum?

Zunächst bilden sich Paare. Ein Spieler schließt die Augen, während der zweite in der Umgebung einen bestimmten Baum auswählt. Der „blinde" Spieler sollte aber nicht merken können, in welcher Richtung dieser Baum steht. Sehr detailliert beschreibt ihn der sehende Spieler. Sein Partner öffnet nun die Augen und soll den beschriebenen Baum finden. Dann wechseln die Rollen.

Gebraucht werden

Park, Waldstück oder Garten mit Baumbestand

Tipp

Das aufmerksame Wahrnehmen der Natur sowie der präzise Sprachausdruck werden bei diesem Spiel auf spannende Weise geschult.

ab 3 Spieler

Kein Material nötig

Doppelte Statue

Je drei Spieler bilden eine Künstlergruppe. Ein Spieler schließt die Augen, während ein zweiter sich als Statue postiert: sitzend, stehend oder liegend. Der dritte Spieler beschreibt nun präzise die Position und Lage der Statue. Der Spieler mit geschlossenen Augen versucht, eine Kopie der beschriebenen Statue darzustellen. Der Beschreiber hilft mit den Mitteln der Sprache die neue Statue so genau wie möglich nachzubilden. Ist die Statuen-Kopie fertig, darf dieser Spieler die Augen öffnen. Danach wechseln die Aufgabenrollen.

ab 3 Spieler

Kein Material nötig

Tipp

Beim „Blick hinter die Tür" wird auch das „imaginäre" Sehen angesprochen, also die Vorstellungskraft jedes Einzelnen. Außerdem fördert dieses anspruchsvolle, eher besinnliche Spiel die Kunst des Erzählens und Fabulierens.

Blick hinter die Tür

Jeder Spieler stellt sich eine Tür vor. Sie kann im Haus sein oder an einem fernen Ort, eine Kirchen-, Schloss-, Hütten- oder Gartentür, alt, modern, verwittert oder frisch gestrichen. Sobald jeder „seine" Tür erfunden hat und sie vor dem geistigen Auge sieht, beschreiben sich alle gegenseitig ihre Türen. Dann erzählt jeder, was sich hinter dieser Tür befindet.

Variante

Die Spieler können dieses Spiel auch als „Blick aus dem Fenster" spielen. Es wird also eine Aussicht beschrieben. Dabei kann die Jahreszeit ebenso eine Rolle spielen wie bestimmte Vorgänge in der Umgebung, die man vom imaginären Fenster aus erkennen kann.

Empfindung von Gleichgewicht und Balance

Das ständige Ausrichten unseres Körpers gegen die Kraft der Erdanziehung ist die Aufgabe des Gleichgewichtssinnes, der im Ohr angesiedelt ist. Das Gleichgewichtsorgan ist mit einer Flüssigkeit gefüllt, die Schwingungen registriert und unsere Motorik anregt. Oben, unten, links und rechts, aber auch vorne und hinten kann aufgrund dieses Sinnes empfunden werden. Interessant ist, dass die Ungleichheit der verschiedenen Gliedmaßen dabei auch eine Rolle spielt. Wer unterschiedlich lange Beine hat, würde beispielsweise in der Wüste bei Nacht ohne andere ausgleichende Orientierung immer im Kreis gehen.

Tipp

Kinder bewegen sich immer weniger und können oft nicht das Gleichgewicht halten (z. B. beim Balancieren). Um sicher Fahrrad zu fahren, muss jedoch das stetige Ausrichten gut funktionieren. Auch für das Einschätzen von Stabilität oder Ordnung und zur allgemeinen Orientierung braucht es die Ausprägung dieses Sinnes. Diese Fähigkeiten können mit den hier vorgeschlagenen Ideen gestärkt und eingeübt werden.

Schwing dich

Jeder Spieler sucht sich seinen Baum. Nun lehnt man sich mit dem Rücken an den Stamm und korrigiert die eigene Position so lange, bis sie einigermaßen bequem ist. Ganz langsam kann nun jeder seinen Stamm durch leichten Druck nach hinten bewegen und in Schwingung bringen. Das Hin- und Herbewegen kann immer schneller und stärker geschehen, allerdings ist darauf zu achten, dass der Baum nicht „überdehnt" wird oder gar bricht. Aufregender ist dieses „Schwing-Spiel", wenn man hoch in den Wipfel blickt, während man schwingt. Geht starker Wind, ist es interessant, die natürliche Schwingung zu spüren.

Gebraucht wird

Hoher, etwa eineinhalb Armstärken dicker Baum mit einem möglichst glatten Stamm ohne Äste im unteren Bereich (in Körperhöhe)

ab 2 Spieler

Nur nichts fallen lassen

Gebraucht werden

Verschiedene gerade zur Verfügung stehende Gegenstände (Apfel, Landkarte, Brillenetui, Haarbürste ...), große Spielfläche, Stühle o. Ä. als Hindernisse

Eine Laufstrecke mit einigen kleineren Hindernissen wird abgesteckt. Die Spieler bekommen einen beliebigen Gegenstand (Apfel, Brillenetui o. Ä.) auf den Kopf, die Schulter oder die ausgestreckte Hand gelegt. Wer kann die vereinbarte Strecke entlanglaufen, ohne den Gegenstand zu verlieren oder festzuhalten?

ab 4 Spieler

Transport-Käfer

Gebraucht werden

Freie, möglichst weiche Spielfläche, ein Besen, ein Brett oder andere längliche Gegenstände

Die Spieler liegen in einer Reihe und in gleichen Abständen mit angezogenen Beinen auf dem Rücken. Sie sollen von der einen Seite der Spielfläche zur anderen einen länglichen Gegenstand transportieren, ohne dabei aufzustehen oder die Hände dazu zu benutzen. Nur mit Füßen und Beinen darf der Gegenstand gehalten und bewegt werden.
Hier müssen die eigenen Bewegungen möglichst geschickt koordiniert werden. Dabei ist auch das rücksichtsvolle Zusammenspiel mit den anderen der Gruppe wichtig.

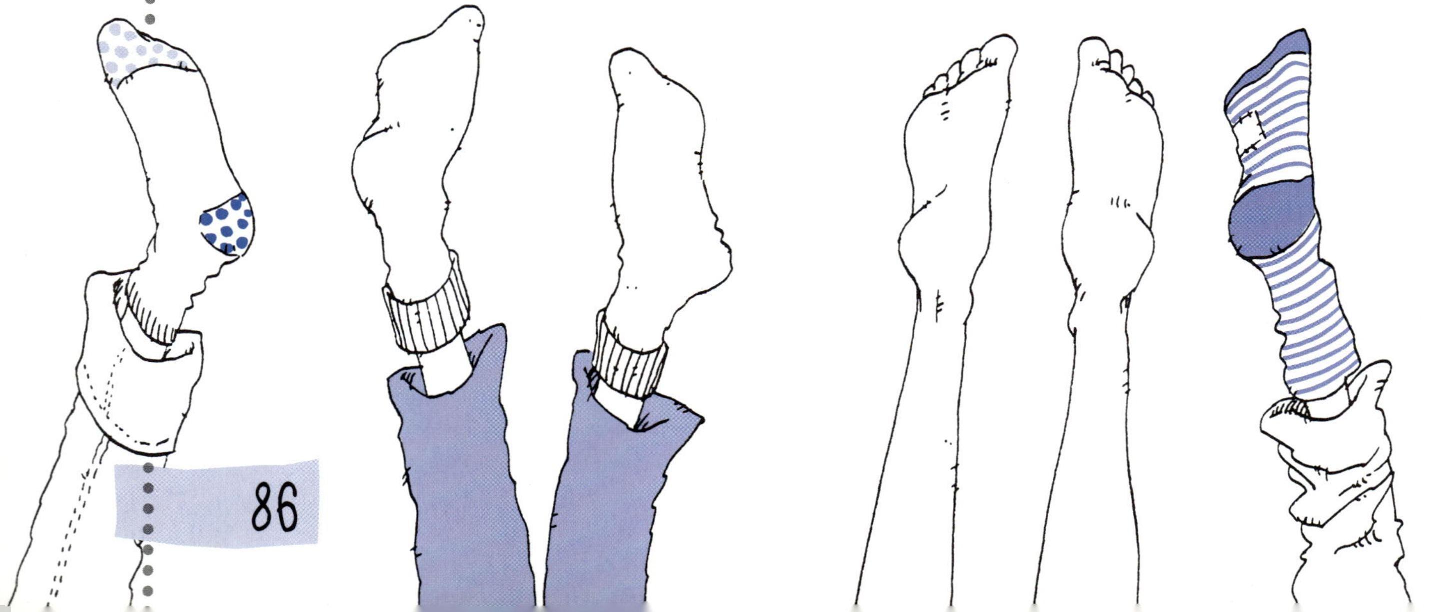

Spannungsseil

Die beiden Enden eines starken, weichen Seiles werden zusammengeknotet. Die Spieler bilden einen Kreis und greifen das Seil mit beiden Händen, sodass es gut in der Handfalte liegt. Gemeinsam gehen alle langsam so weit zurück, bis das Seil sich zu einem Kreis spannt. Wichtig ist die gleichmäßige Aufteilung der Spieler um das Seil. Jeder braucht einen guten und festen Stand, also die Beine etwa schulterbreit auseinander und leicht und locker in den Knien. Sehr langsam lehnen sich nun alle gleichzeitig nach hinten, bis ihre Arme gestreckt sind. So können alle ein wenig ausruhen. Auf ein Zeichen hin ziehen sich alle gemeinsam wieder in die Ausgangsposition. Alle Mitspieler sind gefordert und müssen „Durchhänger" am Seil durch Gegenspannung gemeinsam ausgleichen.

Gebraucht werden

Starkes, weiches Seil (Bergsteigerseil), rutschfester Untergrund

Tipp

Beide Spiele auf dieser Seite eignen sich gut, um Teamgeist und gegenseitiges Vertrauen zu fördern.

Rafting

Ein Spieler setzt oder legt sich auf eine stabile Wolldecke und schließt am besten die Augen. Mehrere Spieler fassen nun die Decke an den Ecken und ziehen und drehen den Spieler auf der Decke kreuz und quer über die Spielfläche. Sehr kräftige Spieler können die Decke sogar etwas anheben und auf diese Weise das „Rafting"-Erlebnis verstärken. Vorsicht ist allerdings geboten, damit sich niemand wehtut.

Gebraucht werden

Große Spielfläche in einem Raum mit glattem Untergrund, alte Wolldecke

Bewegungs- und Tiefenempfindung

Tipp

Neben dem Sitzen in der Schule haben bewegungsreduzierte Tätigkeiten wie die Beschäftigung mit Computer- oder Videospielen zugenommen, Kinder werden häufig mit dem Auto gefahren oder reduzieren ihre Freizeit auf das engste Wohnumfeld. Schulischer Sportunterricht wurde verkürzt und öffentlich zugänglicher Spiel- und Erlebensraum ist nicht mehr ausreichend vorhanden. Bewegung regt Blutkreislauf und Atmung an und lässt den Zusammenhang von Körper, Seele und Geist erspüren.

Der „Stellungssinn" regelt die Wahrnehmung von Bewegungs-, Lage-, Kraft-, Raum- und Zeitempfinden. Dabei werden innere Reize erlebt und verarbeitet. Diese Fähigkeit und Empfindung ist oft lebensnotwendig, um beispielsweise Entfernungen für Anhaltewege etwa beim Fahrradfahren oder die Annäherungszeit von Fahrzeugen im Straßenverkehr richtig einzuschätzen. Auch um in Gefahrensituationen passend zu reagieren ist es erforderlich, Zeit, Lage, Raum oder Kraft treffend zu beurteilen.

Das Schwerste am Schluss

Gebraucht werden

Mehrere gleichartige Dosen oder Schachteln, unterschiedlich schwere Gegenstände, Papier oder Tücher zum Abdecken, ggf. eine Küchenwaage

Mehrere möglichst gleichartige Gefäße (Dosen, Schachteln) werden mit verschieden schweren Gegenständen befüllt. Damit niemand sehen kann, was sich in einem Gefäß befindet, wird als Abdeckung ein Stück Stoff oder Papier aufgelegt. Die Spieler sollen nun die Gefäße so ordnen, dass sie in einer Reihenfolge von leicht bis schwer aufgereiht sind. Um das schließlich zu überprüfen ist eine Küchenwaage hilfreich. Je nach Gruppenzusammensetzung können die Spieler die Aufgabe gemeinsam oder nacheinander lösen. In diesem Fall verlassen die anderen den Raum, bis sie an der Reihe sind.

Mobile Roboter

Jeweils drei Spieler bilden ein Team. Ein Spieler jeder Kleingruppe wird der „Operator", die beiden anderen „Roboter". Sie stellen sich zunächst Rücken an Rücken. Der Operator kann die beiden Roboter steuern, indem er ihnen auf die Schulter tippt. Eine Berührung der linken Schulter bewegt den „Maschinenmensch" eine Vierteldrehung nach links, ein Tipp auf die rechte Schulter eine Vierteldrehung nach rechts. Sobald ein Roboter durch eine Berührung auf den Rücken in Bewegung gesetzt wurde, bewegt er sich stets geradeaus. Erst bei einer Schulterberührung läuft er in die entsprechende Richtung, bis wieder etwas anderes „eingegeben" wird. Aufgabe für den „Operator" ist, die beiden Roboter so zu steuern, dass sie sich schließlich gegenüberstehen, Angesicht zu Angesicht. Dann werden die Rollen getauscht.

Gebraucht werden

Große Spielfläche mit verschiedenen „Hindernissen" (Stühle, Tisch, Steine, Papierbogen usw.)

Zeitmeister

Ein Spieler wird zum „Zeitmeister" erkoren und bekommt eine sekundengenaue Armbanduhr. Die anderen Spieler stellen sich zusammen und schweigen das Spiel über. Der Erste von ihnen erhält einen Stein in die Hand. Seine Aufgabe ist es, ab dem Startsignal durch den „Zeitmeister" diesen Stein nach eigener Einschätzung möglichst exakt eine Minute in der Hand zu halten und ihn dann an den nächsten Spieler weiterzureichen. Der „Zeitmeister" notiert sich die tatsächlich verstrichene Zeit bei jedem Spieler. Waren alle an der Reihe, nennt der „Zeitmeister" die Einzelzeiten und wie viel Zeit insgesamt vergangen ist.

Gebraucht werden

Armbanduhr mit Sekundenzeiger, Notizzettel, Stift, Stein

ab 4 Spieler

Tatsch ab

Gebraucht wird
Große Spielfläche

Tipp
Dieses Spiel ist meistens sehr wild und sollte am besten im Freien gespielt werden. Bei entsprechender Vorsicht eignet es sich aber auch für große Räume im Haus.

Zuerst bilden sich Paare. Von jedem dieser Zweierteams rennt nun ein Spieler davon, berührt jedoch in kurzen Abständen von etwa zwei Metern die unterschiedlichsten Stellen auf seinem „Fluchtweg": Stuhlbein, Tischdecke, Fenstersims, Blumenstock, Lampensockel, Sessellehne, Schrankfuß, Vorhang usw. Der Verfolger soll den Flüchtenden fangen, muss allerdings all die Gegenstände und Stellen ebenfalls berühren. Wer schafft es trotz dieser „Verzögerungen" seinen Partner leicht auf den Rücken zu klopfen? Dann werden die Rollen gewechselt.

ab 6 Spieler

Zur Mitte finden

Gebraucht wird
Große Spielfläche

Die Spieler bilden einen großen Kreis, der auch mit Steinen, Papierknäueln oder anderen Gegenständen markiert werden kann. Ein Spieler schließt die Augen. Um ihn zu verwirren, dreht man ihn einige Male um die eigene Achse und führt ihn kreuz und quer über die Spielfläche. Dann wird er langsam einmal um den kompletten Kreis geführt. Ist er wieder am Startpunkt angelangt, soll er mit nach wie vor geschlossenen Augen genau zum Mittelpunkt des Kreises gehen. Sobald er ihn gefunden hat, bleibt er stehen und öffnet die Augen. Danach versucht es ein anderer Spieler.

Variante
Der Radius des Kreises wird bei jedem neuen Spieler verändert.

Blinder Indianer

Der „Blinde Indianer“ – ein Spieler mit geschlossenen Augen – setzt sich an einen von allen Seiten gut zugänglichen Platz. Die anderen Spieler verteilen sich in einem größeren Radius von etwa zehn Metern. Sie sollen sich nun vorsichtig anschleichen und dem Häuptling schließlich leicht auf die Schulter fassen. Bemerkt der Häuptling einen Anschleicher, deutet er exakt in dessen Richtung. Augenblicklich bleiben auch alle anderen stehen, während der Ertappte zu seinem Ausgangspunkt zurückgeht. Erst dann dürfen alle weiterschleichen. Wem es zuerst gelingt, zum „Blinden Indianer“ zu gelangen, darf dessen Rolle für die nächste Runde übernehmen.

Gebraucht wird

Größere Spielfläche im Freien, ggf. auch im Haus

Tipp

Dieses ausgesprochen beliebte Spiel fördert eine konzentrierte Wahrnehmung und sensibilisiert sowohl das Gehör als auch die Raumempfindung (Stellungssinn). Je nach Anforderung kann die Regel zu den unterschiedlichsten Themen und Spielgeschichten passend umformuliert werden (Tiere bewachen ihre Brut oder Eier, Koch sorgt sich um sein Büfett, Kunde im Supermarkt will mühsam ergatterten Einkaufswagen sichern …).

Darstellung, Theater und Rollenspiel

Darstellungsspiele leben von der Ausdrucksfähigkeit der einzelnen Mitspieler. Es ist wichtig, dass dabei der Spielspaß im Vordergrund steht und weniger die Qualität der Darstellung. Kinder, Jugendliche und Erwachsene können hier spielerisch situatives Verhalten erproben und sich in unterschiedlichsten Ausdrucksweisen üben.

Die Fliege im Hals

ab 3 Spieler

Gebraucht werden

Kleine Zettel mit Eigenschaften beschriftet, zum Beispiel: traurig, fröhlich, langweilig, hektisch, träge, süß, undeutlich, geheimnisvoll, ängstlich, lustig, brutal, fordernd, schüchtern …

Ein Satz wird vereinbart, z. B. „Zu Hilfe, zu Hilfe, mir ist eine Fliege in den Hals geflogen!". Jemand zieht einen der vorbereiteten Zettel und trägt den Satz in der jeweiligen Stimmung den anderen vor, die diese erraten sollen. Dann ist der Nächste mit einer anderen „Stimmung" dran. Sind alle Zettel aufgebraucht, kann ein neuer Satz ausgemacht werden. Auch Textabschnitte aus einem Buch oder der Tageszeitung eignen sich gut.

Fantomimo

ab 4 Spieler

Gebraucht werden

Zettel, Stifte

Jeder bekommt drei oder vier Zettel, schreibt auf jeden davon ein anderes Tier und faltet das Papier. Alle zusammengelegten Zettel werden nun gemischt. Der Spieler, der zuerst eines der Papierchen schnappt, beginnt. Er liest still, welches Tier notiert, ist und spielt es den anderen vor. Wer es zuerst richtig erkennt, bekommt den Zettel als Belohnungspunkt und darf als Nächster ein Tier aus dem Haufen ziehen und vorspielen. Sieger ist, wer am Ende die meisten „Tierzettel" ergattern konnte.

Kein Kochlöffel

ab 4 Spieler

Gebraucht wird

Ein Kochlöffel

Wer am schnellsten nach dem Kochlöffel greift, denkt sich aus, welcher Gegenstand der Kochlöffel sein könnte. Dann spielt er eine kurze Szene mit dem „neuen" Gegenstand vor. Die anderen raten, was der Kochlöffel nun darstellt. Wer es zuerst errät, wird nächster „Schauspieler".

ab 4 Spieler

Kein Material nötig

Was machen die denn da?

Es werden zwei Gruppen gebildet. Bei mehr als sechs Spielern können es auch drei sein. Beide Teams denken sich zunächst geheim eine witzige, spannende, skurrile oder alltägliche Situation aus, die sie den anderen pantomimisch – also ohne zu sprechen – vorspielen sollen. Die Aufgabe der anderen Gruppe ist es herauszufinden, welche Situation und welche Rollen ihnen vorgespielt wurden. Dann sind sie selbst mit ihrem Schauspiel an der Reihe und die erste Gruppe rät.

Beispiele:
Zuschauer oder Spieler beim Eishockeyspiel, Opernabend in der Loge, wilde Gartenparty, Fahrt in einer vornehmen Limousine zu einer berühmten Sehenswürdigkeit, „Oscar"-Verleihung, lange Wartezeit an der Eistheke im Hochsommer, 3-D-Kino-Erlebnis, Mitteilung eines großen Lottogewinnes über ein stark gestörtes Telefon, Paar beim Kochen, aber mit zwei verschiedenen Rezepten.

ab 6 Spieler

Gebraucht werden

Zettel, Stifte, Requisiten (z. B. Schirmmütze, Tennisball, Gießkanne), Film-Sparten-Kärtchen: Liebe, Horror, Western, Krimi, Komödie, Heimat, Musik

Wie im Film

Kleine Filmteams werden gebildet und erhalten einen Stift und zwei Zettel. Jedes Team denkt sich zwei Situationen aus und notiert diese getrennt auf zwei Zetteln. Beispiele: Mittagessen, Urlaubsfahrt, Wanderung, Radtour, Fernsehabend, Zimmerrenovierung …
Alle Situationszettel werden gemischt und jedes Team zieht verdeckt einen davon. Dann bekommt jede Gruppe ebenfalls verdeckt ein Film-Sparten-Kärtchen sowie ein Requisit. Nun sollen sich die Filmteams innerhalb von zehn Minuten einen „Kurzfilm" ausdenken, der die Situation in der jeweils gezogenen „Filmsparte" zeigt, also als Liebes-, Horror-, Heimatfilm usw. Die zur Verfügung stehende Requisite sollte verwendet werden. Nach Ablauf der Zeit zeigen sich die Teams ihre „Kurzfilme" gegenseitig.

Gespielte Sprüche

ab 4 Spieler

Gebraucht werden

Zettel, Stifte

Jeder bekommt einige kleine Zettel und einen Stift. Dann sollen alle bekannte Sprichworte oder Redensarten aufschreiben, je Zettel eine(s). Nach dem Vermischen zieht jeder Spieler einen Zettel. Der älteste Spieler beginnt und spielt „sein" Sprichwort den anderen vor. Wer zuerst errät, um welches es sich handelt, ruft es und darf als Nächster vorspielen.

Beispiele

- Jemanden den Buckel runterrutschen
- Ein Auge zudrücken
- Jemanden an der Nase herumführen
- Der Apfel fällt nicht weit vom Stamm
- Jemanden auf den Arm nehmen
- Einem anderen unter die Arme greifen
- Wer anderen eine Grube gräbt, fällt selbst hinein
- Morgenstund hat Gold im Mund
- Alles in einen Topf werfen
- Mit der Tür ins Haus fallen
- Den Faden verlieren
- Jemanden um den Finger wickeln
- Etwas auf die leichte Schulter nehmen
- Einem anderen etwas in die Schuhe schieben
- Sich etwas hinter die Ohren schreiben

Dein Einsatz

ab 5 Spieler

Kein Material nötig

Ein Spieler verlässt den Raum. Die anderen denken sich eine kurze Spielszene aus oder wählen eines der hier angegebenen Beispiele. Der Hereingerufene bekommt die Szene vorgespielt, allerdings mit einer wesentlichen „Lücke": eine wichtige Rolle innerhalb des Stückes wird nämlich nicht gespielt. Sobald der „Reserveschauspieler" das gemerkt hat, übernimmt er die fehlende Rolle und spielt mit. Dann wird jemand anderes hinausgeschickt und ein neues Stück gewählt.

Mögliche Situationen

Operation im Krankenhaus – Patient fehlt
Polizistin will Verbrecher stellen – Verbrecher fehlt
Kellnerin bringt Hauptgericht – Gast fehlt
Fernsehshow-Gäste sind begeistert – Moderator fehlt
Textilverkäufer preist neueste Mode an – Kundin fehlt

Gebraucht werden
Kleine Zettel, Stifte

Tipp
Je nach Zusammensetzung der Gruppe können sich auch kleine Teams bilden, die einen Begriff „bearbeiten" und Stichworte für die Rede zusammentragen.

Die wichtige Rede

Hier werden Redekünstler und Zuhörer ihren Spaß haben. Jeder Spieler denkt sich einen ungewöhnlichen, verrückten oder witzigen Begriff bzw. Gegenstand aus und notiert diesen auf einen Zettel. Alle beschrifteten Blätter werden verdeckt gemischt. Der mutigste Spieler nimmt sich eines und soll nun eine einminütige Rede über das gezogene „Thema" halten. Dabei muss er hervorheben, wie wichtig und notwendig es für die Menschen ist oder sein kann. Danach wird jemand anderes Redner.

Mögliche Themen
Brotbelag zum Aufsprühen, Kratzbürste, Nasenbohrer, Lachsack, Türdrücker, Tonwanne, alte Schachtel, Netzwerk, essbare Gartenzäune, Autoreifen mit aufgemalten Hypnose-Spiralen, feuerfeste Kniestrümpfe, bruchsichere Kekse, quadratische Eier, Spazierstock mit Laufrad, Hartbier, nachwachsender Nusskuchen, Zahnhalsbrücken aus Ei-Schnee …

Beispiel-Rede 1

Das Löffelmesser. Jeder weiß doch, wie sehr die Menschen unter Zeitdruck leiden. Schon beim Frühstück fühlt man sich unwohl, wenn der Bus gleich fährt, die Freunde schon im Türrahmen stehen und warten oder das Brotstreichen und gleichzeitig Müsli-Essen Schwierigkeiten bereitet. Um genau dieses Problem langfristig und sinnvoll zu lösen, ist das „Löffelmesser" gedacht. Endlich ist Schluss mit den wüsten Bemerkungen „Man schleckt kein Messer ab" oder „Zum Schneiden nimmt man nicht den Löffel". Dieses sinnvolle Handwerkszeug erleichtert einem das zu tun, was man eben immer tun will: mit einem Gerät Nahrung zuführen, es abschlecken oder damit schneiden, genau so, wie es die Essensaufnahme eben erfordert. Diese Erfindung gehört zur Innovation des Familienalltags und wird in die Kulturgeschichte eingehen.

Beispiel-Rede 2

Lackierte Haare. Nun gut, verehrte Zuhörerschaft, ich bin mir bewusst, dass unser heutiges Thema zäh wie Fett sein kann. Andererseits hoffe ich aber, Ihnen diese bedeutende Neuerung im Sektor menschlicher Reinlichkeit so nahe bringen zu können, dass auch Sie davon überzeugt sein werden: Ohne Lack im Haar hält Ihre Schönheit kaum ein Jahr. Bedenken Sie bitte den Alltagsstaub, der sich wie eine Schicht auf Ihren höchsten Körperteil legt. Auch die vielen Feuchtigkeitsanteile, die auf Grund einer flüssigen Aussprache Ihres Gegenübers, kurzer Regenschauer, unvorsichtig geöffneter Getränkeflaschen, zu schnell servierter Suppenterrinen und des unvorhersehbaren plötzlichen „Gewichtsverlust" vorbeiziehender Vogelschwärme Ihren schütteren und kaum geschützten Bewuchs angreifen. Da käme es doch einer Wohltat gleich, wenn Sie lackiertes Haar hätten. Wie auf eine Wachsschicht auftreffende Wassertropfen würden die Widrigkeiten des Alltags von Ihrer neuen Kopfbedeckung abperlen und Sie stets sauber und im wahrsten Sinne des Wortes „gelackt" aussehen lassen. Diese Perspektive wollte ich Ihnen nicht vorenthalten und danke für Ihre Aufmerksamkeit.

ab 4 Spieler

Neueste Nachrichten

Gebraucht werden

Zahlreiche ausgeschnittene Fotos und Bilder aus Zeitschriften, Katalogen und Illustrierten

Es werden kleine Reporterteams gebildet. Jedes Team bekommt sechs thematisch völlig unterschiedliche Fotos oder Bilder und soll nun innerhalb von zehn Minuten eine kurze Reportage erstellen. Dabei soll in sinnvoller Weise eine Verbindung zu den Bildern (Bildserie) entstehen.

ab 4 Spieler

Der besondere Brief

Gebraucht werden

Zeitungen und Illustrierte, Klebestifte, Papier, Scheren, Kärtchen mit Themen (zum Beispiel Liebe, Geschäft, Familie, Künstler, Nachrichten, Kinder)

Kleine Gruppen werden gebildet und bekommen jeweils zwei verschiedene Zeitungen oder Illustrierte, einen Bogen Papier, Schere, Klebestift sowie verdeckt eines der Themenkärtchen. Innerhalb einer Viertelstunde sollen sie einen etwa halbseitigen Brief zusammenstellen, der sinnvoll und erkennbar ihr jeweiliges Thema behandelt. Dazu schneiden sie Worte und Satzteile aus Zeitung und Illustrierter und kleben sie in entsprechender Reihenfolge auf den Papierbogen. Nach Ablauf der Viertelstunde werden die Briefe vorgelesen. Damit nicht komplette Abschnitte übernommen werden, sollte vereinbart werden, dass nicht mehr als drei zusammenhängende Worte ausgeschnitten werden dürfen.

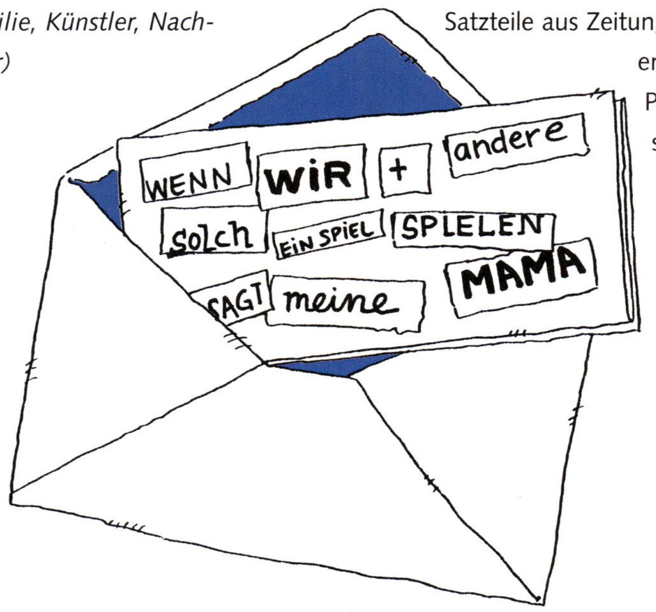

Szenen-Konfetti

ab 6 Spieler

Jeweils zwei (ggf. auch drei) Mitspieler erhalten eine Szenen-Konfetti-Vorlage. Jedes Team entscheidet sich für eine Szene und soll innerhalb von zehn Minuten ein kleines Theaterstück erfinden und es den anderen vorspielen. Der Schluss des Stückes bleibt der Fantasie der Gruppe überlassen.

Variante

Ein Team spielt ihr Stück vor. Diejenige Gruppe, die zuerst errät, um welche Szene der Vorlage es sich handelt, spielt als Nächstes ihr Stück vor.

Die Szenen-Konfetti-Vorlage

- Ein junger Herr hat Blumen besorgt, um sie seiner Angebeteten zu schenken. Sie steht schon etwas länger am vereinbarten Treffpunkt und wartet. Kurz bevor der Herr sie erreicht, stellt er fest, dass die Blumen unerträglich stinken. Da ...
- An einem Obststand steht ein unentschlossener Kunde. Endlich entscheidet er sich für einen wunderschönen, großen Apfel. Als er ihn gerade nehmen möchte, kommt ihm eine andere Kundin zuvor und schnappt sich das Obst. Wie geht's weiter ...?
- Die Familie sitzt vor dem Fernsehgerät. Das Programm wird immer blöder. Die Mutter will abschalten, doch das Gerät bleibt einfach an. Auch mehrmalige Versuche und das Herausziehen des Steckers führen zu keinem Ergebnis. Da hat jemand eine Idee ...
- Der Vater hat gekocht. Leider schmeckt alles fürchterlich, denn er verwechselte Salz und Zucker. Da dem fleißigen Vater aber niemand „wehtun“ möchte, lösen alle das Problem auf andere Art ...
- Menschen stehen in einer Reihe an. Es könnte an einem Bahnhofs- oder Postschalter sein, im Supermarkt an der Kasse oder im Vorraum eines Kinos. Da schiebt und zerrt jemand eine riesige Kiste herein, blickt sich unsicher und fast etwas ängstlich um und läuft dann urplötzlich davon. Die Kiste bleibt stehen und die Leute drum herum ...
- Eine ältere Dame bekommt von ihrer Freundin ein kleines Blumenstöckchen überreicht. Sie bedankt sich und gießt die Pflanze sofort. Da geschieht etwas Außergewöhnliches ...

Gebraucht werden

Szenen-Konfetti-Vorlagen (pro Team einmal kopiert)

Tipp

Bei der Vorführung dürfen ggf. auch Spieler anderer Teams hinzugeholt werden, um bestimmte Rollen, z. B. „stille Beteiligte“, zu übernehmen.

Kunst und Kreativität

Mit der eigenen Fantasie spielerisch zu gestalten ist das Ziel der folgenden Anregungen. Dabei ist es wichtig, dass es keine Bewertung der Ergebnisse gibt. Die umgesetzten Ideen können andere staunen lassen oder auch anregen, selbst schöpferisch Gegebenheiten zu verändern.

Farbflächen

ab 1 Spieler

Jeder Spieler erprobt sich als Naturkünstler und versucht aus Naturmaterialien eine möglichst interessante „Farbfläche" zu gestalten, die sich vom Untergrund deutlich abheben soll. Das kann sehr kontrastreich werden (hell/dunkel), stufenweise in Farbstreifen unterteilt oder auch fließend in feinen abgestuften Farbnuancen von beispielsweise Hellgelb über Orangerot bis Dunkelbraun oder gar Schwarz. Besonders im Herbst lassen sich mit den vielfarbigen Blättern der Laubbäume ausgesprochen reizvolle Werke erzeugen, aber auch zu den anderen Jahreszeiten finden sich genug Naturmaterialien in den unterschiedlichsten Farbgebungen, die sich für dieses künstlerische Spiel eignen.

Gebraucht wird

Naturumgebung

Naturkunst (Nature Art ©)

ab 1 Spieler

Die Künstler suchen sich in der Natur ein Gebiet aus, das ihnen gut gefällt. Innerhalb dieser Fläche suchen sie die Stelle mit der größten Anziehungskraft auf sie. Eine Weile sollte jeder darüber nachdenken, was der Grund für diese Auswahl war (z. B. das Glitzern des gefrorenen Wasserfalles, die tauglitzernden Blüten eines Buschwindröschens, das zarte Zittern eines Grashalmes, der durch den Schnee stakt, der sonnenbeschienene Fliegenpilz …). Jeder überlegt nun, wie die ausgewählte Stelle künstlerisch verändert werden könnte. Dabei darf nichts zerstört werden. Vielmehr geht es darum, das weiter zu gestalten, was man als anziehend empfunden hat. So bekommt vielleicht der zitternde Grashalm einen „Schutzwall" aus kleinen Kieseln, der gefrorene Wasserfall wird durch Weghalten von Zweigen mit noch mehr Licht versorgt, der Fliegenpilz wird von einem Rindenteppich umgeben. So entsteht im Kunstwerk Natur etwas ganz Neues.

Gebraucht wird

Naturgebiet mit möglichst vielen unterschiedlichen landschaftlichen Gegebenheiten wie beispielsweise Felsabschnitt, Wege, Flächen, Pflanzen, Wasser, Baum- und Buschbestand

Tipp

Mit ausreichend Zeit und Ruhe können beide Spiele einen einfachen Spaziergang zu einem denkwürdigen Erlebnis machen.

ab 3 Spieler

Gebraucht werden

Eine Vielzahl von alten, „wertlosen“ Gegenständen und technischen Abfällen, Werkzeug nach Bedarf (Schraubendreher, Zangen, Feilen, Metall- und Kunststoffkleber)

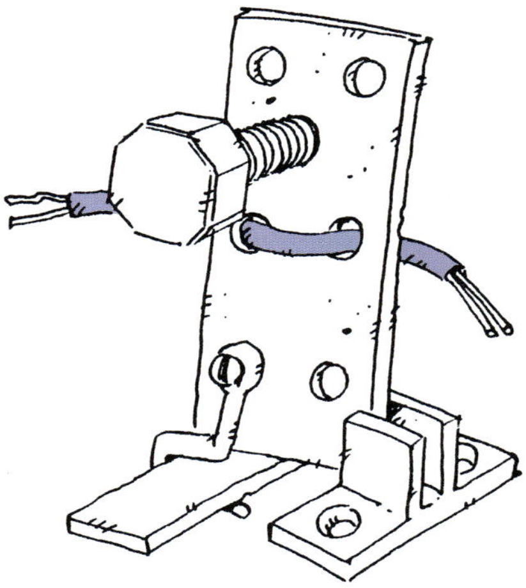

Schrauben und Neues glauben

Die Spieler begutachten alle vorher zusammengetragenen Gegenstände und technischen Abfälle. Dann wird alles auseinander geschraubt und zerlegt. Nun beginnt der kreative Akt: Aus den unterschiedlichsten Teilen gestaltet jeder für sich etwas ganz Neues. Das kann eine abstrakte Skulptur sein oder auch ein fiktives, neues Gerät für die Industrie oder den privaten Haushalt. Nach einer Stunde (ggf. auch länger) gibt es eine kleine Ausstellung der neuen Kunstwerke und Erzeugnisse. Jeder erläutert vor den staunenden internationalen Ausstellungsbesuchern, was es mit dem Produkt auf sich hat.

Die technisierte und vor allem aber auch schnelllebige Zeit erbringt einiges an Überflüssigem. Plötzlich haben bislang gut funktionierende Dinge keinen „Wert“ mehr, weil es etwas „Besseres“ gibt. Zudem führt die fortschreitende computerisierte Produktion von Gegenständen aller Art dazu, dass niemand mehr durchschaut, wie etwas hergestellt wird oder in welchen Zusammenhängen manche Produkte stehen. Das Aufbrechen dieser Unwissenheit und die Förderung der sinnvollen Wissbegierde hat „Schrauben und Neues glauben“ zum Ziel.

ab 2 Spieler

Gebraucht werden

Beschneite Fläche, leere Spülmittel- oder Duschgelflaschen für jeden

Kalte Künstler

Jeder füllt eine Kunststoffflasche mit Wasser und spritzt feine Muster und Bilder in den Schnee. Mit umweltfreundlichen Fingerfarben werden die Muster, Strukturen und Bilder noch schöner.

ab 2 Spieler

Gebraucht werden

Glatte Fläche, feiner Sand, Trinkhalme

Wind macht Spuren

Eine glatte Fläche wird gleichmäßig mit Sand bestreut. Ein Spieler pustet nun mit einem Trinkhalm vorsichtig eine Form bzw. ein Gebilde in den Sand. Das kann der Fußabdruck eines Menschen oder Tieres sein. Denkbar ist auch der Umriss eines Werkzeuges oder Haushaltsgegenstandes. Die anderen beobachten genau und wer es zuerst errät, ist der nächste Wind-Künstler.

Post-moderne-Kunst

ab 1 Spieler

Kunst zum Verschicken oder auch Behalten entsteht, indem man eine Postkarte mit den unterschiedlichsten Materialien beklebt und gestaltet. Dabei kann man zunächst mit den Materialien „herumspielen“ und ohne endgültige Festlegung erst einmal ausprobieren, wie etwas auf der Karte wirkt. Manchmal hilft es, sich ein Thema zu geben, um dazu etwas zu gestalten, z. B. „Aufbruch“, „Ferne“, „Gold“, „Umwelt“, „Schmusekärtchen“, „Ein Schatz“, „Winter“, „Bei Mutti“, „Mein Zimmer“, „Traumwelt“. Die fertige „Post-moderne-Kunst“ schickt man dann am besten einem lieben Menschen, der das Kunstwerk sicher würdigen wird.
Der Wert eines derartigen Werkes steigt, wenn das Objekt tatsächlich per Post verschickt wurde.

Gebraucht werden

Zeichenkarton, einfache Postkarten, Klebstoff, verschiedenste interessante Materialien und Gegenstände, z. B.: Kunstfell, Holz-Furnier-Reste, Zeitschriftenfotos, Schaumstoff, Werkstatt- und Elektronikzubehör usw.

Kunst ohne Absatz

ab 1 Spieler

Papier oder auch Zeichenkarton wird auf einer ebenen Unterlage ausgebreitet. Dann schließt der Künstler seine Augen und setzt den Stift oder die Kreide an einer bestimmten Stelle auf der Zeichenunterlage auf. Für sich überlegt er nun, was er bildnerisch darstellen möchte, und beginnt zu malen. Allerdings darf er so lange sein Zeichengerät nicht mehr absetzen oder die Augen öffnen, bis er für sich entscheidet, dass sein Kunstwerk fertig ist. Dann sieht er sich das meistens sehr ausdrucksstarke Ergebnis an und entscheidet sich für einen treffenden Titel.

Gebraucht werden

Papier oder Zeichenkarton, Stift oder (Farb-)Kreide

ab 2 Spieler

Gebraucht werden

Papier, Stifte

Was mal ich da?

Jeweils zwei Spieler spielen zusammen. Einer wird „Zeichenstiftlenker“ und denkt sich einen Gegenstand aus, der von seinem Partner mit geschlossenen Augen gezeichnet werden soll. Der bekommt allerdings nur Richtungshinweise. Der „Zeichenstiftlenker“ beschreibt also, in welche Richtung der Stift geführt werden soll, also z. B. „Hoch, hoch, etwas nach links, jetzt einen leichten Bogen nach rechts oben, etwas tiefer …“, ohne dabei seinen erdachten Gegenstand zu nennen. Der Stift muss immer das Papier berühren. Der Zeichner soll erraten, was er gerade auf das Papier malt. Die Augen dürfen nicht geöffnet werden.

ab 2 Spieler

Gebraucht werden

Papierbogen, Grafit- oder Wachsmalstifte, unterschiedlichste Oberflächen und Gegenstände

Tipp

Gezeichnete oder gemalte Abbildungen sehen oft interessanter aus als die eigentliche Vorlage bzw. das Original. Eine Frottage nutzt diesen Effekt für eindrucksvolle Ergebnisse.

Kunst-Frottagen und Abreibungen

Jeder nimmt ein Blatt Papier und einen oder mehrere Stifte seiner Wahl und macht sich auf die Suche nach interessanten, außergewöhnlichen oder auch alltäglichen Oberflächen und Strukturen. Das können Münzen sein oder die Holzmaserung eines herumliegenden Bretts, das Reifenprofil eines Mountainbikes, die Prägestruktur einer Kanaldeckel-Umrandung oder die Rinde der Dorflinde. Das Blatt wird fest auf die Unterlage gedrückt und dann mit dem Stift darüber gestrichen und gerieben. Schon erscheint ein Abbild der Struktur auf dem Papier. Je nachdem, wie das Blatt gedreht und aufgelegt wird, können mit dieser Methode schon verschiedenste Muster gestaltet werden und kleine Kunstwerke entstehen. Eine Ausstellung der Werke beendet den ersten Teil dieser Aktion.
Der zweite Teil besteht in einem Ratespiel: Wer erkennt, wo die Durchreibebilder entstanden sind?

Entspannung und Ruhe

Spiele können aufgrund ihrer Eigendynamik oder der Aufgabenstellung helfen, eine „aufgedrehte" Situation und die Spieler selbst zu beruhigen. So können die folgenden Spiele gut zum Abschluss eines „wilden" Spielefestes oder aufregenden Tages dienen.

Gebraucht werden

Alte Papierreste und eine spitze, scharfe Schere für jeden Spieler

Schneeflocken

Zunächst wird ein Quadrat ausgeschnitten und dieses dann drei- oder viermal gefaltet. Dann werden kleine Ecken, Halbrunde, Kreise und Schlitze ein- und herausgeschnitten. Nach dem Auffalten ergibt das wunderschöne „Schneeflocken". Wem keine Muster einfallen, kann beim „Original" nachsehen oder Darstellungen von Schneeflocken als Vorlage nehmen. Wenn alle mehrere solcher Flocken geschnitten haben, macht folgendes Spiel Spaß: Von einer Grundlinie aus soll eine auf dem Boden markierte Fläche „beschneit" werden. Wer schafft die dichteste „Schneedecke"?

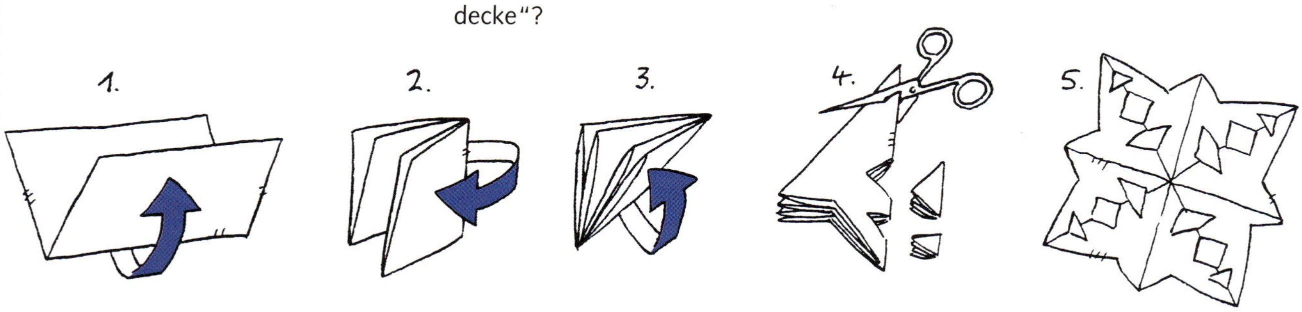

Gebraucht werden

Zahlreiche stabile Luftballons, ein Kopfkissen- oder Bettdecken-Überzug je Spieler

Wiegewolke

Zuerst werden viele Luftballons aufgeblasen. Dabei kann schon die Regel gelten: mit möglichst wenigen Atemzügen und Ansätzen. Also richtig tief Luft holen und dann ganz langsam in die Ballons pusten. Wichtig ist, dass sie nicht zu prall aufgepumpt werden, damit sie bei der späteren Belastung nicht platzen. Die aufgeblasenen Ballons werden nun in einen Kissen- oder Bettdecken-Bezug gesteckt, der dann zugeknöpft wird.

Nun kann sich jemand vorsichtig auf die luftige und wabbelnde Unterlage legen und es sich nach einigem Ausrichten dort richtig gemütlich machen. Die Bezüge mit den Ballons werden von den anderen etwas zusammengehalten, damit sie unter dem Liegenden nicht wegrutschen. Wer die Augen schließt, kann sich von einem anderen Spieler sanft hin und her wiegen lassen.

Die schönsten Erlebnisse

ab 1 Spieler

Nach einem gemeinsamen Erlebnistag im Wald, in der Stadt, bei Verwandten oder nach ausgiebigen Spielen werden Erlebnisse und Entdeckungen, Fundstücke, Bemerkenswertes, Buntes, Lustiges, Gefühle und Wundersames in das Buch, den Sammelordner oder die Schachtel geklebt, gemalt, eingelegt, gefüllt oder geschrieben. Datum, Ort und Name der Beteiligten sollten unbedingt mit aufgeschrieben werden. So entsteht schon nach kurzer Zeit eine ansehnliche Sammlung von Lebensfreuden, also von all dem, was schöne Erinnerungen hervorruft.
Wenn andere in der Sammlung blättern oder „kramen“, könnte sich ein schönes Spiel entwickeln, indem diese versuchen herauszufinden, was es mit den einzelnen Stücken für eine Bewandtnis hat.

Gebraucht werden

Ein leeres Buch (Blindband/Chinakladde), ein Sammelordner oder eine Schachtel, Klebstoff, Schere, Stifte, „Andenken“ (z. B. Eintrittskarten, Fotos ...)

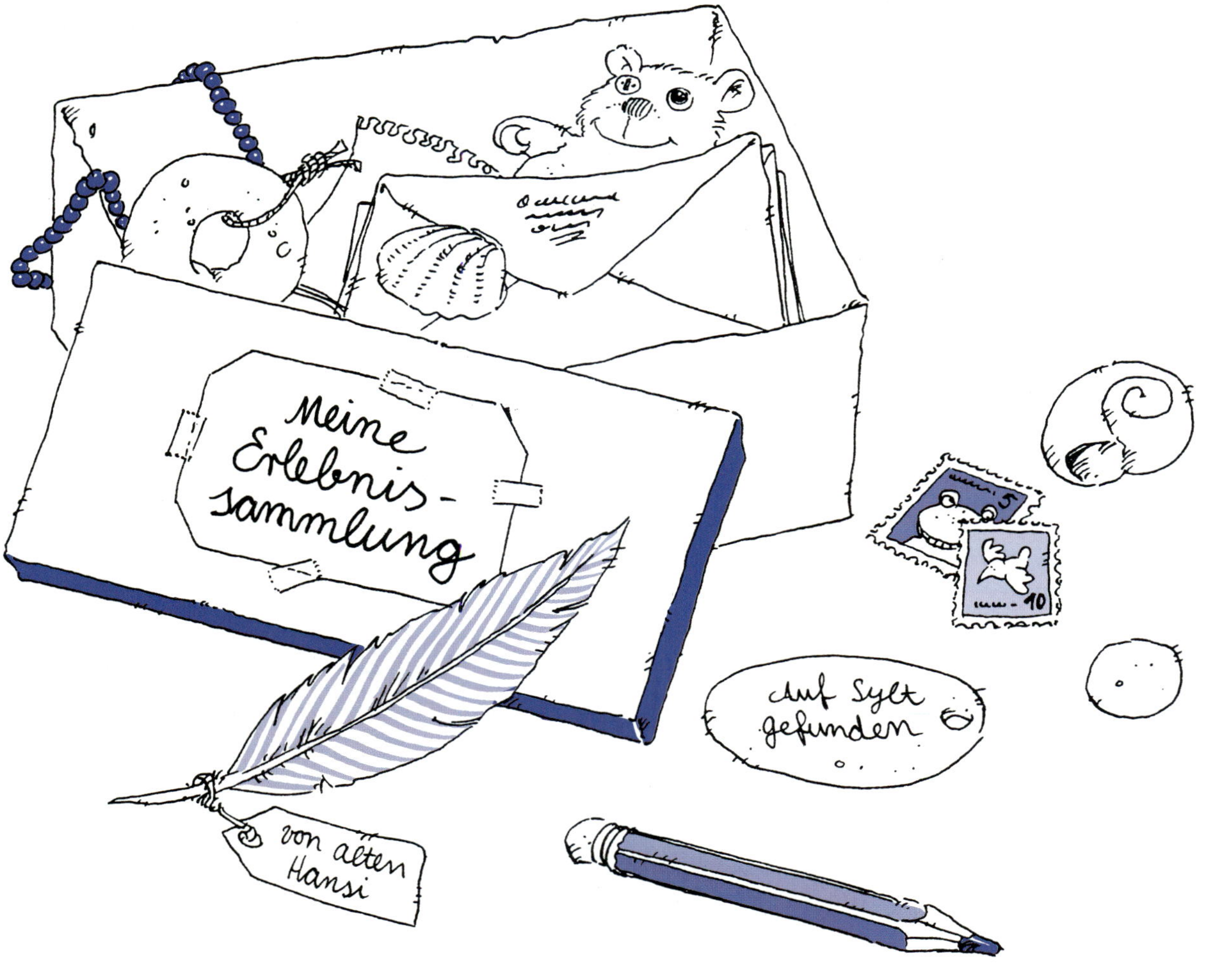

ab 2 Spieler

Ins Bett summen

Gebraucht werden

Müde Kinder, vorbereitetes Bett

Tipp

Müde Kinder gehen viel lieber ins Bett, wenn es auf so angenehme Weise geschieht wie mit einem Spiel. Zudem sensibilisiert das Spiel die Hör-Wahrnehmung und das Orientierungsvermögen.

Ein „Schlafwandler" soll ins Bett gesummt werden. Er entfernt sich möglichst weit davon in ein entlegenes Zimmer. Dann schließt er die Augen und wird mehrmals um die eigene Achse gedreht, um etwas die Orientierung zu verlieren. Ganz vorsichtig geht er nun los und soll mit geschlossenen Augen zu seinem Bett finden. Die anderen helfen ihm dabei: Sie „summen" ihn ins Bett. Sobald der „Schlafwandler" Gefahr läuft, sich anzustoßen oder in die verkehrte Richtung zu laufen, wird das Summen etwas lauter. Irgendwann erreicht der „Schlafwandler" sein Bett. Ganz leise wird er in den Schlaf gesummt. Sollen mehrere Kinder ins Bett gebracht werden, übernimmt das letzte Summen ein Erwachsener.

ab 2 Spieler

Kästchen-Labyrinth

Gebraucht werden

Kariertes Papier, Stift

Die Spieler erhalten einen Stift sowie ein kariertes Blatt und markieren darauf eine Fläche von 25 mal 25 Kästchen. Haben das alle gemacht, gestaltet jeder für sich innerhalb der Markierung ein verzwicktes Labyrinth, das mindestens einen Eingang und einen Ausgang hat. Sind alle fertig, beginnt der zweite Teil des Spieles. Die Labyrinthe werden ausgetauscht. Nach einem Startsignal soll versucht werden, mit dem Stift das Labyrinth zu „durchlaufen", ohne dass die Seitenlinien der verzwickten Strecken berührt bzw. übermalt werden. Wer schafft es zuerst und vor allem auf dem direkten Weg ohne Fehlwege?

Klang-Labyrinth

ab 2 Spieler

Gebraucht werden

Ein begehbares Labyrinth (aus Seilen oder Tüchern gelegt, mit Kreide aufgemalt oder in die Erde gekratzt), verschiedene Gegenstände oder Instrumente, die Klänge erzeugen (Fahrradglocke, dünnes Trinkglas, Kronkorkenrassel, Gewürzstreuer)

Zuerst gestalten alle gemeinsam das begehbare Labyrinth. Alle gehen einmal möglichst würdevoll dessen verschlungene Pfade entlang. Nun schließt einer der Spieler die Augen und wird anhand von Klängen durch das Labyrinth gelotst. Dabei könnte die Regel gelten: tiefe und dunkle Klänge bedeuten eine leichte Rechtsdrehung, hohe und helle Klänge eine leichte Linksdrehung, kein Klang heißt einfach geradeaus. Im Mittelpunkt angelangt dürfen die Augen geöffnet werden.

Gramummels Geburt

ab 2 Spieler

Gebraucht werden

Fundstücke aus der Natur, Klebstoff, Bindfaden

Im Wald, am Wegesrand und überall sonst noch werden interessante Aststücke, Rindenteile, Steine, Formen und andere Gegenstände gesammelt. Jeder gestaltet daraus ein Abbild des Fantasie-Wesens „Gramummel". Es kann ein gemeinsam geformtes Wesen gebildet werden oder jeder baut ein eigenes. Am Schluss wird die Skulptur in den Vorgarten, Hinterhof oder auf den Balkon gestellt.
Während alle über das Aussehen dieser Gestalt fantasieren, erzählt jemand eine selbst erdachte „Gramummel"-Geschichte: Wer ist Gramummel, wo lebt sie bzw. er, wie sieht Gramummels Tagesablauf aus und was denken die Menschen von diesem Wesen?

Winterfahrt im Heißluftballon

Gebraucht werden

Warmer Raum, weicher Untergrund

Tipp

Manchmal ist es angenehm und angemessen, „zur Ruhe zu kommen" und mit den eigenen Gedanken zu spielen. Eine Fantasiereise trainiert die Vorstellungskraft und führt zu beruhigender Meditation. Die hier abgedruckte Fantasiereise ist ein thematischer Vorschlag und dauert etwa 20 Minuten. Wer im Erzählen schon etwas geübter und sicherer ist, kann auch eigene Geschichten erfinden. Länger als die nachfolgende „Winterfahrt im Heißluftballon" sollte sie jedoch nicht sein.

Der „Reiseleiter" sollte eine erwachsene Person sein. Wichtig ist, dass alle Beteiligten bereit sind, sich auf so ein Experiment einzulassen und konzentriert „bei der Sache" bleiben.
Alle legen sich in einem wohlig warmen Raum mit ausreichend Abstand zueinander auf einen dicken Teppich oder eine Decke und machen es sich bequem. Es ist gut, dabei die Augen zu schließen. Sie sollten aber nicht zugekniffen werden, denn das strengt an und ist wenig angenehm. Es ist auch nicht schlimm, wenn jemand zwischendrin die Augen kurz öffnet. Eine längere Zeit im Dunkeln zu bleiben ist eben für manche auch mal unangenehm. Hier sollte die Spielleitung souverän (z.B. durch eine leichte Berührung) deutlich machen, dass niemand alleine ist. Mit ruhiger, aber unverstellter Stimme führt die Spielleitung in die Fantasiereise ein und gibt entsprechende Hinweise. Um den Beteiligten genug Zeit zu lassen, sich das Erzählte vorzustellen und in Gedanken nachzuerleben, sollten nach jedem Sinnabschnitt einige Sekunden Pause gemacht werden. Bei sehr intensiven Erlebnisschilderungen oder solchen, die viele Fantasien erzeugen, kann die Erzählung auch mal etwas länger (eine halbe Minute) unterbrochen werden. Etwas Gespür hierfür entwickelt sich aber bei der Durchführung. Wenn sich bei den „Reisenden" Unruhe breit macht, wird weitererzählt.

Winterfahrt im Heißluftballon

- Lege dich ganz entspannt hin und – wenn du magst – schließe die Augen. (Etwas warten)
- Verändere deine Lage so, dass du wirklich bequem liegst und dich nichts mehr drückt.
- Atme tief und gleichmäßig. (Etwas warten)
- Stell dir vor, es ist Winter. Überall sind die Felder und Wiesen, die Wege und Flächen weiß beschneit. Die Sonne scheint von einem kräftig blauen Himmel herunter und lässt die Schneekristalle glitzern.
- Alles ist ganz still und du sitzt auf einem warmen Kissen.
- In der Ferne erklingt das Pfeifsignal eines Zuges.
- Nicht weit von dir entfernt laufen ein paar Kinder mit ihren Schlitten über die glatt geräumte Straße. Es knirscht, wenn die Eisenkufen über den harten Schnee schleifen.
- Du bemerkst, wie sich ein Schatten über dich schiebt. Bedächtig schwebt dicht über dir ein Heißluftballon durch die kalte Winterluft. Du siehst ganz deutlich den dick geflochtenen Beförderungskorb. Viele Seile und Säcke sind daran befestigt.

- Da knallt es plötzlich und eine Weile zischt es. Eine dicke, rötliche Stichflamme schießt aus einer metallenen Röhre nach oben. Die Flamme erwärmt die Luft in dem Ballon und lässt ihn weiter nach oben steigen.
- Du erkennst drei Leute in dem Korb, die dir fröhlich lachend zuwinken. Du willst mit.
- Als hätten sie deine Gedanken gehört, lassen dir die Ballonfahrer aus dem Korb eine lange Strickleiter herunter und du kletterst die schwankende und pendelnde Kletterhilfe nach oben.
- Du bekommst eine wärmende Decke umgelegt und merkst, wie der Ballon weiter nach oben steigt.
- Unten, weit unten siehst du, wie alles immer kleiner wird: die verschneiten Flächen, die Häuser mit ihren weißen Dächern und den schwarzen Kaminen, die kahlen Bäume und Sträucher mit den Schneehäubchen auf den Ästen, die Wege und Straßen mit den deutlich sichtbaren Spuren von Rädern, Autos und Menschen.
- Die Ballonfahrt ist großartig. (Etwas warten)
- Nach einiger Zeit möchtest du wieder auf den Boden zurück.
- Langsam sinkt der Ballon zu Boden. Häuser, Bäume, Wiesen, Brücken, Felder werden größer und größer.
- Schon bist du gelandet und du machst dich auf den Weg nach Hause.
- Dort legst du dich auf eine warme Decke und ruhst dich etwas aus. (Etwas warten)
- Du räkelst dich und streckst die Glieder. Du erinnerst dich, wie der Ort um dich herum aussieht.
- Du erinnerst dich, wo du dich befindest, erinnerst dich an die Möbel, Fenster, Türen, Bilder.
- Nun fallen dir die Personen ein, die sich sonst noch hier befinden.
- Vorsichtig öffnest du deine Augen und entdeckst erfreut die anderen.
- Willkommen daheim.

Tipp

Am Ende einer Fantasiereise brauchen die Zuhörer Zeit, um sich langsam wieder an die „Realität" zu gewöhnen und die Augen zu öffnen. Das Ende kann als Bestandteil der Geschichte eingebaut werden (wie im Beispiel) oder unabhängig davon angeleitet werden. Anschließend sollten sich alle erst mal kräftig strecken und dehnen, gähnen und bei geöffneten Fenstern frische Luft schnappen. Meistens entsteht dann ein Gespräch darüber, wie es einem erging, was alles erlebt und gespürt wurde und welche Vorstellungen entstanden sind. Auch dafür sollte genügend Zeit sein.

Ein tolles Kinderfest

Um ein gelungenes Kinderfest zu gestalten, ist es wichtig, die Interessen der Teilnehmer zu kennen und mit dem Spielangebot darauf einzugehen. Nahezu alle Spiele auf den vorherigen Seiten eignen sich für diesen Anlass. In diesem Kapitel finden Sie jedoch gezielt Ideen für Themenfeste, viele Mitspieler und besondere Gruppenspiele.

Spiel-Ketten

Besonderen Spaß bereitet es so einer Festgesellschaft, wenn sie gleichzeitig als Gruppe miteinander etwas erleben kann. Spiele, die in eine kleine Geschichte „eingekleidet" sind und aufeinander aufbauen, eignen sich für derartige Anlässe besonders gut. So eine Spiel-Kette sollte zu Beginn auflockernde, im weiteren Verlauf gruppenbildende Spiele und schließlich einen gemeinsamen Höhepunkt beinhalten. Dabei kommt es nicht zwingend darauf an, Gewinner festzustellen. Viel wichtiger sind unterschiedliche Spielanforderungen, um so besser auf die jeweiligen Fähigkeiten der Mädchen und Jungen eingehen zu können. Das verhindert, dass jemand bloßgestellt oder ausgeschlossen wird.
Zur Vorbereitung sollte ein Spielleiter auf jeden Fall die komplette Spiel-Kette durchlesen und sich die Geschichte sowie die Spielregeln aneignen. Mit eigenen Worten wiedergegeben, kommen sie bei den Spielern viel lebendiger an.
Spiel-Ketten können zu jedem erdenklichen Thema gestaltet werden. Die Wirkung einer Spielgeschichte wird intensiver, wenn sich die Spielleitung passend zum jeweiligen Thema verkleidet und eventuell auch den Spielort etwas dekoriert. Die Spiele der folgenden Spiel-Kette können eigenständig gespielt werden und sind auch in anderen Zusammenhängen (Geschichten) möglich.

Schloss Gruselburg (Spiel-Kette)

Gebraucht werden

Langes Seil (Abschleppseil), Luftballons, zwei bis drei alte Bettlaken, Eiswürfel in dreifacher Spieleranzahl, evtl. Stühle, Zeitungspapier

Ein Erwachsener oder erfahrener Spieler übernimmt die Spielleitung. Er erzählt die Spielgeschichte (in der Randspalte) und erläutert auch die jeweiligen Spielregeln.
Die nötigen Materialien für alle Spiele von „Schloss Gruselburg" finden Sie nebenstehend.

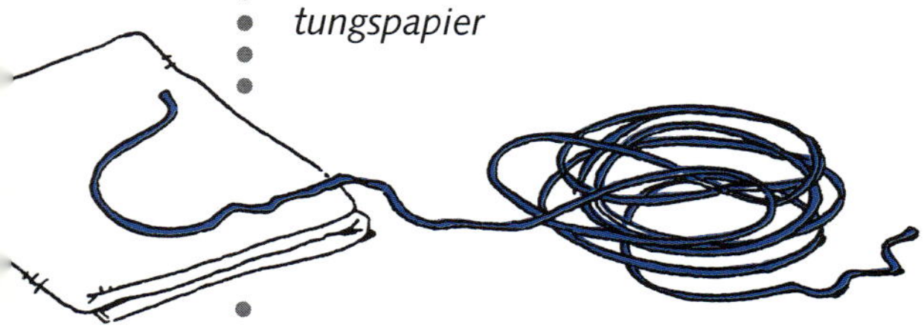

Spielleitung

Herzlich willkommen bei dieser Schloss- und Burgentour in Schottland. Die Reisegesellschaft begibt sich zu einem ehrwürdigen alten Schloss und muss dabei auch unwegsames Gelände überqueren.

Über Stock und Stein

Alle bewegen sich auf der Spielfläche je nach Beschaffenheit des vom Spielleiter angesagten Untergrundes: Blumenwiese, kaltes Bächlein, Flusskies, Sandbank, Baumstämme am Ufer, Schotterweg, umgepflügter Acker mit frischer weicher Erde, glatte Holzbrücke, weich und warm bemooste Fläche.

Spielleitung

So eine Reisegruppe sollte sich stets orientieren können. Am besten, es bleiben alle mit dem Seil verbunden. Der Größte geht voran, denn wo er durchkommt, ist es auch für andere kein Problem.

Orientierung

Alle fassen das Seil mit einer Hand und schließen die Augen. Jetzt erst wird die Aufgabe erklärt: Die Spieler sollen sich tastend nach der Körpergröße so sortieren, dass schließlich am einen Ende der Größte und am anderen Ende der Kleinste steht.

Spielleitung

Schließlich geht es auch noch durch einen Geheimgang in die Eingangshalle des Schlosses. Am besten, alle bleiben ganz dicht zusammen.

Geheimgang

Alle greifen mit einer Hand das Seil und gehen vorsichtig hintereinander her. Der erste Spieler am Seil geht voran und führt alle kreuz und quer über Hindernisse hinweg.

Variante

Nur der Erste am Seil hat die Augen offen, alle anderen schließen sie und lassen sich führen. Vorsichtig, damit sich niemand wehtut.

Unheimlich, was man da hört

Der Reihe nach erzeugt jeder ein möglichst unheimliches Geräusch. Zur Steigerung des Gruselns können alle die Augen schließen und sich nur auf den Klang konzentrieren. Manches klingt dann auch viel gruseliger.

Spielleitung

Da gibt es die ersten geheimnisvollen Erlebnisse im Schloss. Merkwürdige Geräusche und Klänge sind zu hören.

Kaminfeuer

Jeweils drei bis vier Spieler stellen sich ganz eng als „Kamin" zusammen, die Hände auf dem Rücken. Zu ihren Füßen werden aufgeblasene Luftballons bereitgelegt. Sie sind der Rauch, der nun in der Mitte der Gruppe nach oben steigen und dann ausgestoßen werden soll.

Spielleitung

Inzwischen haben alle die Halle erreicht. Warm flackert das Kaminfeuer im großen offenen Kamin vor sich hin und lässt Rauch aufsteigen.

Wer fehlt?

Ein Spieler entfernt sich von der restlichen Spielgruppe. Er darf nicht sehen, was die Gruppe macht. Eine Person wird mit einem großen Tuch (Betttuch) zugedeckt. Der Ratende wird zurückgeholt und soll möglichst schnell benennen, wer fehlt. Dann wird die bisher zugedeckte Person nächster Rater.

Spielleitung

Schnell geht in so einem Geisterschloss jemand unbemerkt verloren. Fehlt schon jemand?

Spielleitung

Manchmal kommt es zu unglaublichen Vorgängen. Dann sind Mitglieder der Reisegruppe plötzlich so verwandelt, dass man sie kaum wieder erkennen kann.

Geisterauge

Ein Ratender wird weggeschickt. Eine Person wird nun so mit Tüchern verhangen, dass nur ein Auge zu sehen ist. Es ist wichtig, die Verhüllung perfekt vorzunehmen, damit nicht Kleidungsstücke, Schmuck oder Gesichtszüge erkannt werden können. Um das Raten etwas zu erschweren, verstecken sich noch zwei oder drei der Spielgruppe. Der Ratende wird gerufen und soll nur anhand des sichtbaren Auges der verhüllten Person herausfinden, um wen es sich handelt.

Spielleitung

Die Reisegruppe wiegt sich nach wie vor in Sicherheit. Inzwischen ist es fast schon Mitternacht. Es wird kühler auf „Schloss Gruselburg". Alle Schlossbesucher versuchen sich mit einem beliebten Geisterspiel abzuhärten: „Kalter Rücken".

Kalter Rücken

Jeder bekommt drei Eiswürfel und versucht nach dem Startsignal (Zwölf-Uhr-Schlag) diese anderen Spielern in den Kragenausschnitt zu werfen, ohne selbst das kalte Zeug abzubekommen. Nach etwa zwei Minuten endet das Spiel. Wer die meisten Eiswürfel kassiert hat, ist wahrscheinlich ziemlich „durchgegruselt".

Spielleitung

Oft geraten Teilnehmende einer Reisegruppe in die Hand von Schlossgeistern. Sie müssen in völliger Dunkelheit befreit werden.

Herrufen

Es werden Paare gebildet, die für sich vereinbaren, wer Retter und wer Gefangener ist. Die Gefangenen stellen sich auf einer Seite der Spielfläche auf und schließen die Augen. Die Retter verteilen sich auf der gegenüberliegenden Seite des Spielgebietes, allerdings keiner direkt gegenüber von seinem Partner. Einige Hindernisse werden auf der Spielfläche verteilt (Stühle, Zeitungsknäuel, Schuhe, Papierbogen), die von den Gefangenen nicht berührt werden dürfen. Alle Gefangenen bewegen sich nun vorsichtig in Richtung ihrer Retter. Die sollen durch genaue Anweisungen ihre Partner zu sich herrufen. Sie leiten sie dabei vorsichtig um die Hindernisse herum, ohne dass diese berührt werden. Sind alle bei ihren Rettern angekommen, werden die Rollen getauscht.

Nur nicht lachen

Die Gruppe teilt sich wieder in Paare auf und das Seil wird auf den Boden gelegt. Von einem Paar stellt sich je einer an ein Seilende. Beide sollen nun auf dem Seil entlang ganz langsam aufeinander zu balancieren und dabei ihr Gegenüber irgendwie zum Lachen bringen. Gelingt das einem Spieler, ist er stark genug, später einem Geist entgegenzutreten. Das ist er auch, wenn der Gegenspieler das Gleichgewicht verliert und das Seil verlässt. Nachdem sich ein Paar in der Mitte des Seiles getroffen hat, bzw. einer der beiden lachen oder das Seil verlassen musste, ist ein anderes Paar an der Reihe.

Spielleitung

Das ist noch einmal gut gegangen. Aber Geister lassen sich nicht gerne ärgern und mögen es vor allem gar nicht, wenn man über sie lacht.

Überstülpen mit Geistertuch

Zwei Spieler sind die Geisterjäger und bekommen ein großes Tuch (Betttuch). Sie sollen die anderen Spieler einfangen, indem sie das Tuch über sie stülpen. Wird jemand gefangen, ist er als Geist untauglich und wartet am Spielfeldrand ab, was geschieht. Wenn keine Geister mehr übrig sind oder sich nicht einfangen lassen, endet das Spiel. Ein anderes Paar kann es dann versuchen. (Vorsicht bei diesem Spiel in beengten Räumen. Zerbrechliches vorher entfernen.)

Spielleitung

Hilft nur das Geisterfangen, um sicher ein Schloss wieder verlassen zu können. Es ist nicht so einfach, wie es aussieht. Schon viele sind an dieser Aufgabe gescheitert und mussten für immer in den kalten Gemäuern eines Schlosses Spukdienste verrichten.

Selbstverwandlung

Mehrere große Tücher (Betttücher) werden miteinander verknüpft (oder vor der Spielaktion zusammengenäht). Die Spieler fassen das Tuch am Rand und wedeln es gemeinsam auf und ab. Ein geisterhafter Windhauch zieht über die Spielfläche und lässt alle erschaudern. Dann lassen sie gemeinsam die Glockenschläge der Turmuhr erklingen: 1, 2, 3 bis 12. Bei 12 wird das Tuch so nach oben bewegt, dass eine „Kuppel" entsteht. Ganz fix begeben sich alle unter diese Kuppel und lassen das Riesentuch so auf sich herabsinken, dass sie davon bedeckt werden. Ein Riesengeist ist geboren. (Auch bei diesem Spiel: Aus beengtem Räumen vorher Zerbrechliches entfernen.)

Spielleitung

Manchmal wird eine Reisegruppe nur durch Selbstverwandlung vor dem Verderben gerettet.

Spielleitung

Wenn so ein Riesengeist entstanden ist, gibt es niemand mehr, der vor ihm sicher ist. Das ist der von allen gefürchtete „Supergrusel".

Supergrusel

Alle Spieler befinden sich unter einem Riesentuch. Einer lugt in der Mitte aus einer kleinen Öffnung im Tuch heraus und gibt mit für die Spieler unter dem Tuch sichtbaren Handzeichen an, wohin sich der „Supergrusel" hinbewegen soll. Die Spieler erzeugen gruselige Geräusche und fürchterliche Bewegungen mit dem Tuch. Nach etwa zwei Minuten wird „Supergrusel" müde und legt sich hin. Das Tuch verschwindet wie von selbst (ein Spieler unterstützt das durch vorsichtiges Wegziehen).

Spielleitung

Da hat die Reisegruppe noch einmal Glück gehabt. Die endgültige Verwandlung hat nicht stattgefunden. Eine letzte Aufregung steht aber allen noch bevor. Das Schloss kann nämlich nur durch den finsteren und gruseligen „Geistergang" wieder verlassen werden.

Geistergang

Alle bilden eine lang gezogene, auch kurvige Gasse, sodass sich jeweils zwei Spieler gegenüberstehen. An einem Ende startet ein Spieler und schließt die Augen. Er wird von einem zweiten Spieler vorsichtig durch die Geistergasse geführt. Die „Geister" (anderen Mitspieler) erzeugen dabei unheimliche Geräusche und tun gruselige Dinge (z. B. ganz leicht über den Kopf streichen, leicht ins Gesicht pusten, vorsichtig in die Wade zwicken, ein wenig in die Seite piksen). Achtung: Keine Aktionen gleichzeitig vornehmen. Die Wirkung ist bedeutend besser, wenn nur einzelne und vor allem kleine Gruseleien geschehen. Die Spielleitung sollte darauf achten, dass die Geister keine Gemeinheiten, zu laute Geräusche oder schmerzhafte Angriffe vornehmen! Weniger ist auch hier mehr!

Das ging ja noch einmal gut und es ist erfreulich, dass alle gesund und munter „Schloss Gruselburg" wieder verlassen konnten. Ein gutes ENDE.

Aufgabenspiele

sind eine weitere gut für Feste in der Familie geeignete Spielform. Sie eignen sich auch hervorragend für einen Kinderspielnachmittag und machen in der Gruppe riesig Spaß. Die Themen sind vielfältig und je nach Interessenslage der Kinder oder Jugendlichen wählbar. Die Aufgaben können jeder Jahreszeit und jedem Thema angepasst werden. Hier ein Beispiel für eine Aktion im Winter:

Polarexpedition (Spielaktion)

Mögliche „Expeditionsaufgaben"

- eine schwierige, an einem Schlittenhügel abgesteckte „Hindernisstrecke" – ohne mit Händen oder Füßen den Boden zu berühren – durchfahren (Slalom, unter einem quer gelegten Ast hindurch, durch eine Schmalstelle und über einen kleinen Hügel in ein vorgegebenes Ziel)
- an einer bestimmten Stelle ein winziges Feuer mit möglichst wenig Papier und Zündholz-Verbrauch entfachen (Vorsicht: Nicht an gefährdeten Stellen, Feuerstelle danach wieder reinigen)
- ein bekanntes Verkehrsschild aus Schnee nachbilden
- in einem Schneehaufen ganz fix einen von der Spielleitung eingegrabenen Gegenstand finden (Stein, Flaschendeckel, Taschentuch o. Ä.)
- den eigenen Namen aus Schneebuchstaben formen oder in den Schnee treten
- einen Eiswürfel mit der bloßen Hand schmelzen – „brrrrr ..."
- einen aufgeblasenen Luftballon im Schnee vergraben
- eine ein mal ein Meter große Fläche absolut schneefrei fegen, ohne dass ringsherum alles „schwarz" voll Erde wird
- aus Naturmaterialien (Zweige, Äste, Zapfen, Blätter, Steine) einen Schneekristall nachbilden

Gebraucht werden

Vorbereitete Aufgaben (siehe unten), schneebedeckte Flächen, Schlitten und ein „Schlittenhügel"

Spielablauf

Die Spieler bilden ein „Expeditionsteam", das zum Pol unterwegs ist. Verschiedene Anforderungen und Aufgaben warten auf die Forscher. Die Spielleitung bereitet diese Aufgaben vor und verteilt sie an passende Stellen im Spielgelände. Kommt die Spielgruppe dorthin, wird die jeweilige Aufgabe gestellt. So findet diese Aktion zusammenhängend als „Expedition" statt.

Tipp

Für die Erfüllung der Aufgaben können falls gewünscht Punkte vergeben und am Ende ein Sieger festgestellt werden.

Tipp

Für größere Gruppen eignen sich oft auch spontane Spaßspiele, die erst in kleineren Gruppen ausgearbeitet und schließlich gemeinsam mit oder vor allen Spielern ausgeführt werden. Eine knappe Einführung durch einen Spielleiter in passender Verkleidung motiviert und weckt Assoziationen und Ideen der Beteiligten.

Expeditionsaufgaben für Frühling, Sommer oder Herbst

- mit einem kleinen Schwämmchen aus einer etwas entfernt stehenden Schüssel Wasser holen und in eine dünnhalsige Flasche einfüllen
- eine längere Strecke auf einem Seil balancieren, ohne es zu verlassen
- einen Text notieren, der von einem Partner aus zehn Metern Entfernung Buchstabe für Buchstabe nur per Handzeichen vorgegeben wird
- ein vorbereitetes, zwanzigteiliges „Riesen-Puzzle" aus einem Kinoplakat zusammenlegen
- zu zweit mit Hilfe zweier Gabeln zahlreiche unterschiedliche Gegenstände zu einem stabilen Turm aufeinander stapeln
- zu zweit einen Gegenstand (Hut, Fahrradkette, Blumenkorb, Wasserball, Toilettenpapierrolle) auf zwei parallel zueinander gehaltenen Schnüren transportieren
- mit unterschiedlich schweren Gewichten eine mit verdeckt gehaltenen Gewichten bestückte Waagschale wieder austarieren

Bärenfell und Biberspeck

Gebraucht werden

Vorbereitete Gruppenaufgaben für jede vorgesehene Kleingruppe (Textfragmente auf einem Blatt Papier beispielsweise so gestalten, also wären sie in Holz geschnitzt), eventuell thematisch passende Gegenstände (Axt, Falle, Seil – ggf. auf Papier gezeichnet) und Kleidungsstücke (z. B. Pelzmütze, Trappermesser, künstliches Tierfell)

Ein „Trapper" (Spielleiter) erzählt über seine Erfahrungen und Erlebnisse in den einsamen Wäldern unwegsamer Landschaften. Gefundene Aufzeichnungen eines seiner „Vorfahren" beschreiben in Fragmenten dessen haarsträubende und aufregende Abenteuer. Der Text ist allerdings unvollendet. Die Textfragmente werden vorgelesen (siehe Beispiele gegenüber). Kleingruppen erhalten den Auftrag, die bruchstückhaften Texte als Lied, gespielte Szene, Pantomime oder Gedicht zu vervollständigen. Nach einer vorgegebenen Zeit (z. B. 20 Minuten) kommen alle Gruppen zusammen und der Reihe nach werden die Gruppenergebnisse präsentiert und vorgespielt.

Stichworte für eine Beispielgeschichte

Trapper Bill war einer der letzten, einsamen Holzfäller – Das Leben war hart, die Winter lang und die Versorgung kärglich – Stete Beschäftigung war die Jagd und das Fallenstellen – Gefährliche Abenteuer gab es durch Wölfe und Bären – Eine schlimme Erfahrung war die Flucht in eine nicht mehr benutzte Goldhöhle – Nässe, Kälte, Dunkelheit, Wassernot – Verletzungen überall – Keine Hilfe – Mehrere Bären – Große Gefahr – Da plötzlich …

Ab hier sind die Gruppen aufgefordert, die Geschichte unter Verwendung ihrer Textfragmente (siehe unten) „weiterzuspinnen". Sie dienen als Anregung und sollten nach Möglichkeit bei der späteren Präsentation der Ergebnisse verwendet werden. Die Reihenfolge bleibt den Gruppen allerdings freigestellt. Eine Gruppe erhält die fünfte Vorgabe mit dem Hinweis, sich das Ende der Geschichte auszudenken. Nach Ablauf der vorgegebenen Zeit finden sich alle Spieler wieder zusammen und die Ergebnisse werden vorgetragen oder -gespielt.

Beispiele für fünf Textfragmente

- Felle – scharfe – pfiff die Kugel segensreich – Heulen – polterte – goldgelb – wohlgeformt – tropfte von der Wand – schmecken – Tee – hübsch
- Kartoffeln faulten – Reisetasche – Klinge – bitter – riss – gellendes Geschrei – glotzen – eines nach dem anderen – zarte Bewegung – langhaarig – cremig
- Schlangengezücht – abschälen – übler Geruch verbreitet – wischte hinaus – hackte und hackte – auszog – länger als erwartet – blendendweißes Gebiss – lange Beine – rollten – Spalte
- Aufregend – Zuckerbrot – rostige Nägel auf allen – roter, sinnlicher – lange Narbe – angelte – ohne Gefühl – Krummsäbel – schwarzes, glänzendes Fell – Blut – Leder
- Kartenausschnitt – Spitzhacke – flatterten – muffige Ecke – laut – sinnbildlich – Spinnennetz – Ei – mehrmals, doch ohne Erfolg – Hufgeklapper – ein alter Stiefel von / Achtung: Bitte ein Ende der Geschichte ausdenken!

Wie bei allen Spielen sind auch hier dem Einfallsreichtum keine Grenzen gesetzt. Allerdings sollte bei der Auswahl der Aufgaben und Spiele stets darauf geachtet werden, dass sie niemanden bloßstellen oder lächerlich machen, keine Gefühle der Spieler verletzen und allen Beteiligten Spaß machen.

Tipp

Die Beispielgeschichte kann je nach Fantasie des Vortragenden auch mit eigenen Worten erweitert und ausgeschmückt werden.

Register

Spieltitel	Mindest-anzahl	Dauer	Mindest-alter	Spiel-leiter	Zum Spielspaß ergänzende Förderung	Besonderes Material	Seite
Hochstapeln	2	10	5		Geschicklichkeit	Streichhölzer	14
Ich weiß einen Preis	2	15	8		Visuelle Wahrnehmung		18
Illustriertes ABC	2	15	8		Visuelle Wahrnehmung, Alphabet	Illustrierte	11
Immer kleiner	2	10	6		Sprachlicher Ausdruck, Fantasie		17
Ins Bett summen	2	10	5	x	Vertrauen, Raumempfinden		108
Ja – Nein – Ich	2	15	7		Fantasie, sprachlicher Ausdruck		33
Kalte Künstler	2	30	7		Fantasie, gestalterischer Ausdruck	Schneefläche, Sprühflaschen, Flüssigfarben	102
Kästchen-Labyrinth	2	20	8		Visuelle Wahrnehmung, Fantasie, Genauigkeit	Kariertes Papier, Stifte	108
Kein ... ohne	2	10	5		sprachlicher Ausdruck, Fantasie		18
Klebball	2	10	5	x	Körpergefühl	Ball	49
Kommissar Schlaufuchs	2	30	8		Fantasie, Denkvermögen	Papier, Stifte	38
Kulinarischer Test	2	30	8	x	Geschmackswahrnehmung	Lebensmittelproben	81
Kullerstadt	2	60	5		Gestalterischer Ausdruck, Kraftempfinden	Schnee, Tischtennisball	62
Kunst-Frottagen und Abreibungen	2	30	6		Visuelle Wahrnehmung, Feinmotorik	Papierbogen, Wachsmalkreiden	104
Münzkick	2	5	5		Geschicklichkeit	Münzen	13
Nur nichts fallen lassen	2	20	6		Gleichgewichtsempfinden	Alltagsgegenstände	86
Papiersauger	2	15	7		Kraftempfinden	Zeitungen, Trinkhalme	14
Passend tasten	2	20	7	x	Empfindungswahrnehmung, Denkvermögen	Gegenstands-Paare	75
Professor Schaufelrads Funde	2	30	7		Denkvermögen	Kariertes Papier, Stifte	28
Quatsch in Bäumen	2	30	8	x	Visuelle Wahrnehmung	Alltagsgegenstände	83
Sag, was fehlt	2	10	5		Sprachlicher Ausdruck, Fantasie		17
Scherzfragen	2	20	7		Denkvermögen		37
Schiff ahoi	2	15	5		Geschicklichkeit	Münzen, Trinkhalme	12
Schlauch rutscht auch	2	30	7		Gleichgewichtsempfinden, Körpergefühl	Schneehügel, aufgepumpte Autoschläuche	60
Schnupper-Rondell	2	30	9	x	Geruchswahrnehmung	Geruchsdöschen	77
Spekulieren	2	20	8		Rechnen	Würfel	36
Treffpunkt Brücke	2	5	5		Gleichgewichts- und Kraftempfinden	Regenpfütze, 2 Ziegelsteine, Brett	59
Von A bis Z erlogen	2	20	9		Fantasie, sprachlicher Ausdruck	Papier, Stifte	29
Was fällt denn dir ein?	2	15	8		Fantasie		30
Was mal ich da?	2	30	8		Fantasie, sprachlicher Ausdruck	Papier, Stifte	104
Wer sieht's zuerst	2	15	5		Visuelle Wahrnehmung		18
Wie hast du dich verändert?	2	15	9		Visuelle Wahrnehmung		82

Register

Spieltitel	Mindest-anzahl	Dauer	Mindest-alter	Spiel-leiter	Zum Spielspaß ergänzende Förderung	Besonderes Material	Seite
Wiegewolke	2	15	5	x	Vertrauen	Luftballons, Kopfkissen- oder Bettdeckenbezug	106
Wind macht Spuren	2	20	9		Fantasie, Geschicklichkeit	Sandfläche, Trinkhalme	102
Winterfahrt im Heißluft-ballon	2	20	5	x	Fantasie, Entspannung		110
Wo ist mein Baum?	2	15	9		Visuelle Wahrnehmung, sprachlicher Ausdruck		83
Zehenschüsseln	2	20	6		Geschicklichkeit, Motorik	Kleine Alltags-gegenstände, Schüssel	74
Angestrahlt	3	15	9	x	Hörwahrnehmung, Raumempfinden	Münze, Taschenlampen	66
Blick hinter die Tür	3	30	10		Fantasie, sprachlicher Ausdruck		84
Das Schwerste am Schluss	3	20	8	x	Kraftempfinden	Alltagsgegenstände, Schachteln, Tücher, Waage	88
Die Fliege im Hals	3	30	9		Darstellerischer Ausdruck	Papier, Stifte	93
Die Meisterprüfung	3	30	7		Körpergefühl, Kraftempfinden, Motorik	Ball	43
Doppelte Statue	3	20	9		Empfindungswahrnehmung, sprachlicher Ausdruck		84
Fummelkisten	3	20	7	x	Empfindungswahrnehmung	Schachteln, Schere, Alltagsgegenstände, Papier, Stifte	76
Gurgel-Hit	3	20	8	x	Hörwahrnehmung	Becher, Wasser, Zettel, Stifte	72
Hänschen klein	3	15	4	x	Konzentration, Reaktionsvermögen		21
Husky	3	20	10		Gleichgewichtsempfinden, Kraftempfinden, Körpergefühl	Alte Wolldecke	60
Körper verkehrt	3	15	6		Sprachlicher Ausdruck, Merkfähigkeit		19
Lecker-Strecke	3	30	9	x	Geschmackswahrnehmung	Lebensmittelproben	81
Lichtmuster	3	15	8		Gestalterischer Ausdruck, Feinmotorik	Papier, Stifte, Taschen-lampen, Stecknadeln	66
Meine Nase ist groß wie eine Vase	3	20	7		Fantasie, sprachlicher Ausdruck		30
Meine Strecke	3	30	9	x	Geruchswahrnehmung	Geruchsdöschen	79
Mobile Roboter	3	15	8		Raumempfinden		88
Nachtmalerei	3	15	8	x	Fantasie, Raumempfindung	Papierbogen, Wachsmalkreiden	66
Rückenkunst	3	15	9	x	Empfindungswahrnehmung, gestalterischer Ausdruck	Papierbogen, Wachsmalkreiden	75
Schichtschokokeks	3	10	3	x	Körpergefühl, sprachlicher Ausdruck		22
Schlafmütze	3	10	6		Übersicht, Zurückhaltung	Kartenspiel	13
Schnäppchen	3	20	8	x	Reaktionsvermögen, Motorik	Stühle, kl. Gegenstand	50
Schnee in Form	3	45	10		Gestalterischer Ausdruck	Schnee, Alltags-gegenstände	63

Register

Spieltitel	Mindest-anzahl	Dauer	Mindest-alter	Spiel-leiter	Zum Spielspaß ergänzende Förderung	Besonderes Material	Seite
Kein Kochlöffel	4	30	9		Darstellerischer Ausdruck, Fantasie	Kochlöffel	93
Kopf oder Zahl – egal	4	15	5	x	Visuelle Wahrnehmung	Schnee, Münzen	60
Neueste Nachrichten	4	30	10	x	Sprachlicher Ausdruck, Fantasie	Illustrierte	98
Nur nicht lachen	4	5	5		Körpergefühl, Gleichgewichtsempfinden	Seil	117
Onkel Otto ist krank	4	10	6		Sprachlicher Ausdruck	Kekse	15
Sautreiben	4	30	8		Motorik, Geschicklichkeit	Ball, Stöcke	45
Schau mal keck – einer ist weg	4	20	2	x	Visuelle Wahrnehmung	Großes Tuch	23
Schneeballschlacht rückwärts	4	20	7	x	Kraftempfinden, Raum-empfinden, Motorik	Schnee	61
Schweigend antworten	4	30	8		Sprachlicher Ausdruck, darstellerischer Ausdruck	Ball oder Tuch	44
Supermaus	4	15	6	x	Körpergefühl, Spaß	Schnur, Alltags-gegenstände	53
Tatsch ab	4	10	8		Raumempfinden		90
Tier erkannt, richtig benannt	4	30	9		Fantasie, sprachlicher Ausdruck		40
Transport-Käfer	4	20	7		Gleichgewichtsempfinden, Bewegung	Alltagsgegenstände	86
Unheimlich, was man da hört	4	5	5		Hörwahrnehmung, Vertrauen, Fantasie		115
Seltsame Spuren	4	30	8		Visuelle Wahrnehmung	Schnee, Alltags-gegenstände	62
Viele Leute, wenig Platz	4	5	7		Gleichgewichtsempfinden, Körpergefühl	Papier	49
Was hab ich untendrunter?	4	20	4	x	Tastsinn	Alltagsgegenstände	23
Was hast denn du gedacht?	4	30	9		Fantasie, Denkvermögen	Papier, Stifte	38
Was machen die denn da?	4	30	9		Darstellerischer Ausdruck, Fantasie		94
Wasser fangen	4	5	5			Regenwasser, Schüsseln, evtl. Löffel	58
Wassersturm	4	5	5		Motorik	Regenpfützen, alte Zeitungen	59
Zeitmeister	4	15	9		Zeitempfinden	Uhr mit Sekundenzeiger, Stein, Papier, Stift	89
Zirkus Minikus	4	20	5	x	Darstellerischer Ausdruck, Motorik		51
Bauer, treib die Schafe aus	5	30	8		Motorik, Körpergefühl		46
Dein Einsatz	5	30	10	x	Darstellerischer Ausdruck, Fantasie		95
Der blinde Marsch	5	20	8	x	Raumempfinden	Pflock	45
Drei Knoten und ein Ganzes	5	30	9	x	Feinmotorik, Körpergefühl, Motorik	Ball, Seilstücke	55

Register

Spieltitel	Mindest-anzahl	Dauer	Mindest-alter	Spiel-leiter	Zum Spielspaß ergänzende Förderung	Besonderes Material	Seite
Hallihallo	5	30	8		Denkvermögen, Motorik	Ball	54
Heldenbrust	5	20	8	x	Motorik, Körpergefühl	Softball	53
Hund und Metzger	5	20	7		Körpergefühl	Zeitung, Papier, Stift	54
Lichterstrecke	5	45	10	x	Visuelle Wahrnehmung	Schneelandschaft, Teelichter	68
Lichtkegeln	5	20	9		Visuelle Wahrnehmung	Dunkler Raum, Taschenlampe	67
Rafting	5	20	10		Gleichgewichtsempfinden, Vertrauen	Alte Wolldecken	87
Autoskooter	6	15	6	x	Motorik, Körpergefühl		50
Diamantensammler	6	30	9	x	Visuelle Wahrnehmung, Kooperation	Pappstücke, selbst leuchtende Klebepunkte	67
Finde dein Geräusch	6	15	8		Hörwahrnehmung		73
Geisterauge	6	10	5	x	Visuelle Wahrnehmung	Großes Tuch	116
Geistergang	6	10	5	x	Raumempfinden, Körpergefühl, Vertrauen, Fantasie		118
Herrufen	6	5	5	x	Hörwahrnehmung, Vertrauen, Raumempfinden	Alltagsgegenstände, Mobiliar	116
Orientierung	6	5	5	x	Empfindungswahrnehmung, Vertrauen	Seil	114
Schneeballfall	6	20	10		Kraftempfinden, Raum-empfinden, Motorik	Schneefläche, Holz-pflöcke	64
Selbstverwandlung	6	5	5		Motorik, Kooperation	Großes Tuch	117
Spannungsseil	6	15	10	x	Gleichgewichtsempfinden	Starkes Seil	87
Supergrusel	6	5	5	x	Raumempfinden, Kooperation	Großes Tuch	118
Szenen-Konfetti	6	45	9	x	Darstellerischer Ausdruck, Fantasie	Textvorlage	99
Tortenjagd	6	15	8	x	Hörwahrnehmung, Raum-empfinden	Wäscheklammer	73
Über Stock und Stein	6	5	5	x	Empfindungswahrnehmung		114
Überstülpen mit Geistertuch	6	5	5		Körpergefühl, Motorik	Großes Tuch	117
Wedelgang	6	20	8		Empfindungswahrnehmung	Pappstück	76
Wer fehlt?	6	10	5		Visuelle Wahrnehmung	Großes Tuch	115
Wie im Film	6	45	10	x	Darstellerischer Ausdruck, Fantasie	Papier, Stifte, Verkleidungsmaterial	94
Zur Mitte finden	6	15	10	x	Raumempfinden		90
Bärenfell und Biberspeck	7	45	7	x	Darstellerischer Ausdruck, Fantasie, Kooperation	Fragmente einer Geschichte, Papier, Stifte, Verkleidungsmaterial	120
Dschungel-Krach	7	20	7	x	Visuelle Wahrnehmung, Reaktion, Motorik	Seile	56